成语学得好，语文不用愁

CHENGYU JIELONG YOUXI

成语接龙游戏

流年 ◎ 主编

图书在版编目（CIP）数据

成语接龙游戏 / 流年主编 .-- 南昌：江西美术出版社，2017.1（2021.11 重印）
（学生课外必读书系）
ISBN 978-7-5480-4892-3

Ⅰ.①成… Ⅱ.①流… Ⅲ.①汉语—成语—少儿读物 Ⅳ.① H136.31-49

中国版本图书馆 CIP 数据核字（2016）第 260739 号

出品人：汤 华	江西美术出版社邮购部
责任编辑：刘 芳 廖 静 陈 军 刘霄汉	联系人：熊 妮
责任印制：谭 勋	电话：0791-86565703
书籍设计：韩 立 刘欣梅	QQ：3281768056

学生课外必读书系
成语接龙游戏　　流年　主编
出版：江西美术出版社
社址：南昌市子安路66号
邮编：330025
电话：0791-86566274
发行：010-58815874
印刷：北京市松源印刷有限公司
版次：2017年1月第1版 2021年11月第2版
印次：2021年11月第2次印刷
开本：680mm×930mm　1/16
印张：10
ISBN 978-7-5480-4892-3
定价：29.80元

本书由江西美术出版社出版。未经出版者书面许可，不得以任何方式抄袭、复制或节录本书的任何部分。
本书法律顾问：江西豫章律师事务所　晏辉律师
赣版权登字-06-2016-773
版权所有，侵权必究

前言
QIANYAN

  成语主要来源于历史故事、寓言故事、古代神话故事、民间故事、谚语俗语、史实逸闻以及诗词曲赋等，同时包含了政治、经济、军事、外交、科学、文化等许多方面的知识，是历史的沉淀以及几千年文化的结晶，它看似简单，实际却形象生动，具有高度的智慧和思想内涵。了解成语的故事和历史背景，是体悟历史、感受文明、传承智慧的重要途径。

  成语接龙是一种以游戏形式帮助孩子记忆成语的学习方式，蕴含极强的趣味性和知识性，能够在短时间内帮助孩子迅速记忆大量成语，了解成语含义，并达到熟练运用的目的。

  对于孩子来说，成语是一座桥梁，孩子们可以通过学习和掌握它提高自己的语言表达能力，在较短的时间开阔视野，做到博闻强识、满腹经纶。本书从人们常用、常见的成语精心选取，注重经典性、哲理性、时代性、实用性、趣味性等特点，以接龙的方式进行串联，配以精炼的文字、精准的诠释，针对重点成语进行历史典故的讲解，并配有激发想象力的插图，使成语与成语、成语与典故有机结合。

成语接龙游戏

　　在内容上，本书以准确为基础，成语内容精确，让孩子通过全面、简练的文字，多角度、全方位真实感受中华成语的巨大魅力。

　　在版式上主要有"成语接龙""成语释义""故事链接"三大板块，通过玩接龙、读故事等形式，激发孩子对成语的热情，让他们从此爱上中国传统文化，精通成语应用。

　　在趣味中学习，在快乐中记忆，让孩子不必羡慕别人妙语连珠，也不必羡慕别人妙笔生花，通过成语接龙游戏，他们完全可以更扎实、更轻松、多角度地学习和掌握全面的成语知识。

目录 MULU

成语接龙 1
一字千金→金枝玉叶→叶公好龙→龙马精神→神采飞扬→扬眉吐气→气壮山河→河汾门下→下笔成章→章句之徒→徒有虚名→名落孙山→山穷水尽→尽人皆知→知行合一→一柱擎天

成语释义 2
故事链接
一字千金 3
下笔成章 4

成语接龙 5
天高气爽→爽然若失→失道寡助→助人为乐→乐极生悲→悲喜交集→集思广益→益国利民→民穷财尽→尽心竭力→力不从心→心猿意马→马到成功→功败垂成→成家立业→业精于勤

成语释义 6
故事链接
业精于勤 7

成语接龙 8
勤俭持家→家徒四壁→壁立千尺→尺幅千里→里出外进→进退两难→难以置信→信誓旦旦→旦夕祸福→福至心灵→灵机巧变→变化无穷→穷凶极恶→恶贯满盈→蝇营狗苟→苟且偷生

成语释义 9
故事链接
信誓旦旦 10

成语接龙 11
生花妙笔→笔走龙蛇→蛇口蜂针→针锋相对→对牛弹琴→琴心剑胆→胆大如斗→斗转星移→移花接木→木人石心→心灵手巧→巧立名目→目瞪口呆→呆若木鸡→鸡鸣狗盗→盗亦有道

成语释义 12

成语接龙游戏

故事链接
对牛弹琴　13

成语接龙　14
道貌岸然→然获读书→书香铜臭→臭味相投→投其所好→好为人师→师出无名→名震一时→时来运转→转祸为福→福地洞天→天马行空→空穴来风→风马牛不相及→及门之士→士为知己者死

成语释义　15

故事链接
天马行空　16

成语接龙　17
死不瞑目→目不识丁→丁一卯二→二姓之好→好高骛远→远近闻名→名不副实→实获我心→心腹之患→患得患失→失之毫厘，谬以千里→里应外合→合理合法→法其遗志→志大才疏→疏忽职守

成语释义　18

故事链接
目不识丁　19
心腹之患　20

成语接龙　21
守株待兔→兔死狐悲→悲天悯人→人人自危→危急存亡→亡猿祸木→木朽不雕→雕虫小技→技艺高超→超然物外→外强中干→干戈四起→起死回生→生离死别→别具一格→格格不入

成语释义　22

故事链接
守株待兔　23
起死回生　24

成语接龙　25
入木三分→分秒必争→争先恐后→后顾之忧→忧心如焚→焚琴煮鹤→鹤立鸡群→群龙无首→首屈一指→指鹿为马→马革裹尸→尸位素餐→餐风宿露→露胆披肝→肝胆相照→照功行赏

成语释义　26

故事链接
入木三分　27
鹤立鸡群　28

成语接龙　29
赏心悦目→目不暇接→接二连三→三缄其口→口不择言→言而无信→信口雌黄→黄粱一梦→梦寐以求→求之不得→得寸进尺→尺蠖之屈→屈指可数→数一数二→二桃杀三士→士饱马腾

成语释义　30

故事链接
信口雌黄　31

成语接龙 32

腾蛟起凤→凤鸣朝阳→阳关大道→道听途说→说三道四→四面楚歌→歌舞升平→平心静气→气喘如牛→牛郎织女→女中丈夫→夫唱妇随→随波逐流→流离失所→所向披靡→靡靡之音

成语释义 33
故事链接
道听途说　34

成语接龙 35

音容笑貌→貌合神离→离群索居→居安思危→危言耸听→听而不闻→闻风丧胆→胆小如豆→豆蔻年华→华而不实→实事求是→是非曲直→直言不讳→讳莫如深→深仇大恨→恨之入骨

成语释义 36
故事链接
实事求是　37

成语接龙 38

骨瘦形销→销声匿影→影影绰绰→绰绰有余→余桃啖君→君子之交淡如水→水到渠成→成千上万→万事俱备，只欠东风→风花雪月→月黑风高→高枕无忧→忧国忧民→民不聊生→生龙活虎→虎虎生风

成语释义 39
故事链接
高枕无忧　40

成语接龙 41

风门水口→口若悬河→河山之德→德輶如羽→羽毛未丰→丰衣足食→食古不化→化及豚鱼→鱼目混珠→珠联璧合→和盘托出→出口成章→章台杨柳→柳暗花明→明辨是非→非同小可

成语释义 42
故事链接
柳暗花明　43

成语接龙 44

可想而知→知法犯法→法外施仁→仁至义尽→尽善尽美→美中不足→足智多谋→谋财害命→命辞遣意→意气风发→发扬光大→大步流星→星罗棋布→不耻下问→问舍求田→田夫野老

成语释义 45
故事链接
足智多谋　46

成语接龙 47

老马识途→途穷日暮→暮鼓晨钟→钟鼓馔玉→玉碎珠沉→沉默寡言→言听计从→从容自如→如履薄冰→冰清玉洁→洁身自好→好大喜功→功德无量→量力而行→行将就木→木心石腹

成语释义 48
故事链接
老马识途　49

成语接龙 50

腹有鳞甲→甲第星罗→罗雀掘鼠→鼠目寸光→光怪陆离→离乡背井→井蛙之见→见利忘义→一鸣惊人→人定胜天→天真烂漫→漫不经心→心荡神摇→摇笔即来→来者不拒→拒人于千里之外

成语释义 51
故事链接
一鸣惊人　52
天真烂漫　53

成语接龙 54

外柔内刚→刚正不阿→阿谀逢迎→迎刃而理→理所当然→然糠照薪→薪尽火灭→灭门绝户→户枢不朽→朽木不雕→雕虫篆刻→刻不容缓→缓兵之计→计深虑远→远见卓识→识才尊贤

成语释义 55
故事链接
识才尊贤　56

成语接龙 57

贤良方正→正襟危坐→坐视不救→救亡图存→存十一于千百→百折不屈→屈打成招→招财进宝→宝刀不老→老大无成→成竹在胸→胸怀大志→志士仁人→人云亦云→云霞满纸→纸上谈兵

成语释义 58
故事链接
成竹在胸　59
纸上谈兵　60

成语接龙 61

兵微将寡→寡不敌众→众志成城→城北徐公→公私兼顾→顾后瞻前→前所未闻→闻鸡起舞→舞文弄墨→墨守成规→规行矩步→步步为营→营蝇斐锦→锦绣前程→程门立雪→雪案萤灯

成语释义 62
故事链接
闻鸡起舞　63
墨守成规　64

成语接龙 65

灯红酒绿→绿惨红愁→愁肠九转→转危为安→安步当车→车水马龙→龙蛇飞动→动辄得咎→咎由自取→取法乎上,仅得其中→中原逐鹿→鹿死谁手→手疾眼快→快马加鞭→鞭辟入里→里通外国

成语释义 66
故事链接
车水马龙 67

成语接龙 68

国破家亡→亡羊补牢→牢不可破→破涕为笑→笑里藏刀→刀山火海→海阔天空→空前绝后→后生可畏→畏缩不前→前车之鉴→鉴影度形→形单影只→只言片语→语不惊人→人以群分

成语释义 69
故事链接
前车之鉴 70

成语接龙 71

分道扬镳→彪炳千秋→秋毫无犯→犯颜直谏→谏争如流→流连忘返→返老还童→童颜鹤发→发愤图强→强词夺理→理屈词穷→穷形尽相→相濡以沫→莫名其妙→妙手回春→春风得意

成语释义 72
故事链接
强词夺理 73

成语接龙 74

意犹未尽→尽力而为→为人师表→表里如一→一字之师→师出有名→名列前茅→茅塞顿开→开宗明义→义无反顾→顾名思义→义正词严→严阵以待→待价而沽→沽名钓誉→誉满天下

成语释义 75
故事链接
一字之师 76

成语接龙 77

下不为例→例行公事→事半功倍→倍日并行→行云流水→水滴石穿→穿壁引光→光明正大→大材小用→用心良苦→苦口婆心→心花怒放→放浪形骸→骇人听闻→闻一知十→十年树木,百年树人

成语释义 78
故事链接
穿壁引光 79

成语接龙游戏

成语接龙 80

人言可畏→畏首畏尾→尾大不掉→掉以轻心→心口如一→一毛不拔→拔苗助长→长歌当哭→哭天抹泪→泪如雨下→下笔千言→言不由衷→中流砥柱→柱石之坚→坚甲利刃→刃迎缕解

成语释义 81
故事链接
拔苗助长　82

成语接龙 83

解弦更张→张冠李戴→戴罪立功→功成身退→退避三舍→舍己为人→人鼠之叹→叹为观止→止于至善→善人义士→士别三日→日新月异→异口同声→声罪致讨→讨价还价→价值连城

成语释义 84
故事链接
退避三舍　85

成语接龙 86

城门失火，殃及池鱼→鱼死网破→破釜沉舟→舟中敌国→国无宁日→日以继夜→夜郎自大→大智若愚→愚公移山→山盟海誓→誓不罢休→休戚相关→关怀备至→至高无上→上善若水→水底捞月

成语释义 87
故事链接
愚公移山　88

成语接龙 89

月明如水→水落石出→出生入死→死灰复燃→燃眉之急→急流勇退→退位让贤→贤否不明→明镜高悬→悬梁刺股→股肱之臣→臣心如水→水涨船高→高不可攀→攀龙附凤→凤毛麟角

成语释义 90
故事链接
悬梁刺股　91

成语接龙 92

角弓反张→张大其事→事倍功半→半推半就→就实论虚→虚怀若谷→古往今来→来日方长→长年累月→月白风清→清心寡欲→欲擒故纵→纵横交错→错综复杂→杂沓而至→至死不渝

成语释义 93
故事链接
欲擒故纵　94

成语接龙 95

逾规越矩→矩步方行→行不知往→往者不追→追名逐利→利令智昏→昏天暗地→地老天荒→荒诞不经→经久不息→息事宁人→人才辈出→出其不意→意气用事→事过境迁→迁怒于人

成语释义 96
故事链接
利令智昏　97

成语接龙 98

人迹罕至→至理名言→言必信，行必果→果不其然→然然可可→可歌可泣→泣不成声→声泪俱下→下里巴人→人多势众→众口铄金→金屋藏娇→娇生惯养→养精蓄锐→锐不可当→当务之急

成语释义 99
故事链接
金屋藏娇　100

成语接龙 101

急中生智→智勇双全→全力以赴→赴汤蹈火→火上浇油→油尽灯枯→枯木逢春→春风化雨→雨过天青→青出于蓝→蓝田生玉→玉树临风→风声鹤唳→厉兵秣马→马齿徒增→增砖添瓦

成语释义 102
故事链接
厉兵秣马　103

成语接龙 104

瓦釜雷鸣→鸣冤叫屈→屈身辱志→志同道合→合情合理→理直气壮→壮志凌云→云集响应→应运而生→生死存亡→亡命之徒→徒劳无功→功成名就→就地正法→法不责众→众目所归

成语释义 105
故事链接
志同道合　106

成语接龙 107

归心似箭→箭不虚发→发号施令→令人发指→指手画脚→脚踏实地→地利人和→和睦相处→处变不惊→惊弓之鸟→鸟语花香→香草美人→人小鬼大→大同小异→异想天开→开诚布公

成语释义 108
故事链接
开诚布公　109

成语接龙 110

公正廉明→明日黄花→花言巧语→语重心长→长久之计→计上心头→头头是道→道尽途穷→穷途末路→路不拾遗→遗臭万年→年幼无知→知人善任→任劳任怨→怨天尤人→人浮于事

成语释义 111
故事链接
路不拾遗　112
遗臭万年　112

成语接龙 113

事无巨细→细水长流→流言蜚语→语惊四座→座无虚席→席地而坐→坐井观天→天经地义→义薄云天→天下为公→公而忘私→私心杂念→念念不忘→忘其所以→以一当十→十死一生

成语释义 114
故事链接
以一当十　115

成语接龙 116

生死之交→交头接耳→耳闻目睹→睹物思人→人之常情→情有独钟→钟鸣鼎食→食不果腹→腹背之患→患难之交→交浅言深→深居简出→出奇制胜→胜利在望→望穿秋水→水深火热

成语释义 117
故事链接
水深火热　118

成语接龙 119

热火朝天→天壤之别→别有用心→心旷神怡→怡然自得→得不偿失→失声痛哭→哭天喊地→地大物博→博大精深→深恶痛绝→绝处逢生→生死相依→依然如故→故弄玄虚→虚张声势

成语释义 120
故事链接
得不偿失　121

成语接龙 122

势不两立→立身处世→世外桃源→源远流长→长治久安→安之若素→素昧平生→生杀予夺→夺门而出→出人意料→料事如神→神气十足→足不出户→户限为穿→穿凿附会→会心一笑

成语释义 123
故事链接
户限为穿　124

成语接龙 125

笑逐颜开→开门见山→山明水秀→秀外慧中→中庸之道→道路以目→目无全牛→牛鬼蛇神→神态自若→若无其事→事在人为→为富不仁→仁义道德→德才兼备→备尝辛苦→苦中作乐

成语释义 126
故事链接
目无全牛　127
道路以目　128

成语接龙 129

乐不思蜀→蜀犬吠日→日复一日→日薄西山→山高水低→低声下气→气息奄奄→奄奄一息→息息相关→关门大吉→吉星高照→照猫画虎→虎视眈眈→眈眈相向→向壁虚造→造谣生事

成语释义 130

故事链接
乐不思蜀　131

成语接龙 132

事不宜迟→迟疑不决→决一雌雄→雄才大略→略见一斑→斑驳陆离→离心离德→德薄才疏→疏不间亲→亲痛仇快→快犊破车→车马盈门→门庭若市→市井小人→人心不古→古为今用

成语释义 133

故事链接
门庭若市　134

成语接龙 135

用武之地→地广人稀→稀世之宝→宝山空回→回肠荡气→气象万千→千里之行，始于足下→下车伊始→始终如一→一步登天→天各一方→方寸大乱→乱世英雄→雄心勃勃→勃然大怒

成语释义 136

故事链接
用武之地　137

成语接龙 138

怒目而视→视而不见→见多识广→广开言路→路遥知马力，日久见人心→心如铁石→石破天惊→惊慌失措→措手不及→及时行乐→乐可支→支离破碎→碎琼乱玉→玉貌花容→容光焕发

成语释义 139

故事链接
广开言路　140

成语接龙 141

发愤忘食→食言而肥→肥头大耳→耳提面命→命若悬丝→丝丝入扣→扣人心弦→弦外之意→意味深长→长驱直入→入土为安→安土重迁→迁客骚人→人去楼空→空谷足音→音容宛在

成语释义 142

故事链接
长驱直入　143

成语接龙

一字千金	金枝玉叶
叶公好龙	龙马精神
神采飞扬	扬眉吐气
气壮山河	河汾门下
下笔成章	章句之徒
徒有虚名	名落孙山
山穷水尽	尽人皆知
知行合一	一柱擎天

成语释义

一字千金：能增减一字，就赏给千金。称誉文辞精妙，不可更改。

金枝玉叶：原形容花木美好嫩弱的枝叶，后指皇亲国戚以及出身高贵的人。

叶公好龙：比喻表面上说爱好某事物，实际上并非此。

龙马精神：龙马是传说中兼具龙和马形态的生物。比喻人精神旺盛。

神采飞扬：形容一个人兴奋得意、精神焕发的样子。

扬眉吐气：笑时扬起眉毛，吐出怨气。形容摆脱了长期受压状态后高兴痛快的样子。

气壮山河：气：气概；壮：使壮丽。形容气概豪迈，使祖国山河因而更加美丽。

河汾门下：用以比喻名师门下人才济济或人才辈出。

下笔成章：一挥笔就能写成文章。形容文思敏捷。

章句之徒：指不能通达大义而拘泥于辨析书中章句儒生。

徒有虚名：空有名望。指有名无实。

名落孙山：名字落在榜末孙山的后面。指在考试或选拔中没有被录取。

山穷水尽：山和水都到了尽头。比喻无路可走，陷入绝境。

尽人皆知：尽：全部，所有。人人都知道。

知行合一：指认识事物的道理与实行其事是密不可分的一回事。

一柱擎天：擎：支撑。比喻一个人身负重任，支撑大局。也常用来形容某些人的重要作用。

故事链接

一字千金

  吕不韦是战国末期卫国著名商人,后为秦国丞相。他在赵国经商时,不惜散尽千金资助在赵国做人质的秦国王子异人,又辅佐他登上王位,是为庄襄王。秦庄襄王为报答吕不韦的恩德,便封吕不韦为文信侯,后又为丞相。三年后秦庄襄王病故,年幼的太子嬴政被立为王,尊吕不韦为相国,吕不韦开始专断朝政。

  吕不韦从一个商人摇身一变,成为一人之下、万人之上的显赫人物。朝中的众多官员表面上不敢有异议,但心中总是不服的,人们在私底下议论纷纷。而吕不韦也知道自己政治威望不够高,为此伤透了脑筋,于是召集门客商议对策。

  有的门客建议吕不韦统兵出征,灭掉几个国家,立下赫赫战功,以此来树立威信。有人立即反对说:"这办法有百害无一利,即使把仗打胜了,回来也升不了官,因为没有比丞相更高的职务了。重要的是战争风险太大,谁也没有必胜的把握,万一战争失利,结果会适得其反。"有人说:"我们知道孔子的学问很好,那是因为他写了部叫《春秋》的书;孙武能当上吴国的大将,是因为吴王看了他写的《孙子兵法》。我们为什么不能写部书,既能扬名当世,又能垂范后代呢?"

  吕不韦认为这个办法很好,命令门客立即组织人员撰写。

  当时养士之风甚盛,有名的战国四公子魏国信陵君、楚国春申君、赵国平原君、齐国孟尝君都养有门客数千人,他们都礼贤下士,结交宾客,并在这方面要争个高低上下。吕不韦也养了三千门客,作为他的智囊团,想出种种办法来巩固他的地位。吕不韦组织门客将各自所见所闻记下,汇合了先秦各派学说,综合在一起成为八览、六论、十二纪,共二十余万言的巨著。他认为其中包括了天地万物古往今来的事理,所以号称《吕氏春秋》。

  书写成后,吕不韦命令把全文抄出,贴在咸阳城门上,并发出布告:"谁能把书中的文字增加一个或减少一个,甚至改动一个,赏黄金千两。"布告贴出许久,人们畏惧吕不韦的权势,没人来自讨没趣。于是"一字千金"这个成语便流传至今。

下笔成章

曹操有个儿子,名叫曹植。曹植从小就特别聪明,而且特别爱学习,写文章很快,也很有文采。

有一次,曹操故意问曹植:"今天我看了你写的文章,写得很好,是不是找别人帮你写的呀?"

曹植赶忙跪下禀告:"父亲大人,儿子能出口为论,下笔成章,为什么要请别人帮忙呢?父亲如果不信,就请当面试试我。"

不久,曹操在邺下建造的铜雀台竣工了。曹操有心想要试试几个儿子的文采,就叫他们登上铜雀台去游览,然后要求每个人都以铜雀台为题,当场写一篇辞赋给他看。

不一会儿工夫,曹植就交了卷,曹操读完了连连称赞,更加喜欢曹植了,一心想要立他为继承人。

曹植虽然很有文学才华,但性情孤傲,喜欢饮酒,不如哥哥曹丕稳重、成熟、有城府。曹操通过长时间观察,最后认定曹植在政治上不如曹丕精明能干,决定让曹丕做继承人。

后来,曹丕做了皇帝。曹植遭到曹丕的猜忌和排挤,只活到40岁就郁郁而终了。他留下的《白马篇》《送应氏》《赠白马王彪》《洛神赋》等作品,被誉为传世之作。

成语接龙

天高气爽　　爽然若失

失道寡助　　助人为乐

乐极生悲　　悲喜交集

集思广益　　益国利民

民穷财尽　　尽心竭力

力不从心　　心猿意马

马到成功　　功败垂成

成家立业　　业精于勤

天高气爽：形容秋天天空高远明朗、气候凉爽宜人。

爽然若失：形容一个人心中无主、空虚怅惘的神态。

失道寡助：道：道义；寡：少。做事违背正义的人，一定得不到别人的支持和帮助。

助人为乐：把用自己的力量帮助别人当作是一种快乐。

乐极生悲：高兴到极点时，总是容易发生使人悲伤的事。

悲喜交集：悲伤和喜悦的心情交织在一起。

集思广益：思：思考，意见；广：扩大。指集中众人智慧，广泛吸收有益的意见。

益国利民：对国家、对人民都有利。

民穷财尽：人民生活穷困，国家财富也消耗完了。

尽心竭力：尽：全部用出；竭：用尽。用尽心思，使出全力。形容做事十分努力。

力不从心：心里想做，可是力量够不上。

心猿意马：心意好像猴子在跳、马在奔跑一样控制不住。形容心里东想西想，安静不下来。

马到成功：比喻事情进展顺利，迅速取得成功。

功败垂成：事情在将要成功的时候遭到了失败。

成家立业：指男人结了婚，有了事业，能独立生活。

业精于勤：业：学业；精：精通；勤：勤奋。学业精深是由勤奋得来的。

 故事链接

业精于勤

韩愈，字退之，是唐朝著名的文学家、思想家。他的理想就是做好一名谏官。因此，他为官时忠心进谏，一心为国为民，但也正是因为如此，他的仕途也比常人增加了许多波折，因为直言敢谏得罪了皇帝，也使一些奸臣怀恨在心，总想除之而后快。就这样，韩愈被贬到偏远之地当了一个小县令，多年以后，才当上了国子监博士。

韩愈上任后，认真地教育自己的学生。一天，他以自己的切身体验启发学生们说："年轻人啊，学业的精深，取决于勤奋，游荡懈怠就会荒废；事业的成功，在于独立思考，随波逐流就会失败。这是我多年来的亲身体会，概括为'业精于勤，荒于嬉；行成于思，毁于随'。"

有个学生大胆地提出了自己内心的困惑，说："老师，据我们所知，您名满天下，学业可算得上精深。然而，学问好，朝廷并没有重用您；您直言进谏，反而被贬到了边远地区。直到现在，您依然过着清苦的生活，高深的学问并没有为您带来很高的权势和巨大的财富，那么学与不学又有什么用呢？做学问只不过是装清高罢了。"

韩愈听后严肃地说："你错了！做人难道就是为了升官发财？读书、做事难道只是为了让妻子儿女过上富裕的生活？古时司马迁是个学问渊博的人，他虽然遭受酷刑，却仍然坚持完成了《史记》这部伟大的著作；屈原是个对国家大事有着自己独特见解的诗人，虽被流放直至自沉汨罗江，却始终心系楚国的兴亡。他们虽然没有过上锦衣玉食的生活，但他们内心充实，从未停止对真理的探求，他们便是我们做人、做学问的榜样，也是我们一生孜孜追求的最高目标。"

成语接龙

勤俭持家	家徒四壁
壁立千尺	尺幅千里
里出外进	进退两难
难以置信	信誓旦旦
旦夕祸福	福至心灵
灵机巧变	变化无穷
穷凶极恶	恶贯满盈
蝇营狗苟	苟且偷生

成语释义

勤俭持家：以勤劳节约的精神操持家务。

家徒四壁：徒：仅仅，只有。家里就只有四面墙壁。形容十分贫困，一无所有。

壁立千尺：山岩如壁，高耸千尺。形容威严耸立的高大形象。

尺幅千里：一尺长的画幅，画进了千里长的景象。比喻外形虽小，但包含的内容多。

里出外进：形容不平整、不整齐。引申义为该凹进去的地方凸出来了，而该凸起的地方又凹进去了。

进退两难：前进和后退都难。比喻事情无法决定，因而难以行动。

难以置信：置：使得，让；信：相信。事情的发生出乎意料，难以使人相信。

信誓旦旦：信誓：表示诚意的誓言；旦旦：诚恳的样子。誓言说得真实可信。

旦夕祸福：旦：早上；夕：日落。时间不同，好的坏的事情都可能会发生。比喻有些灾祸的发生事先是无法预料的。

福至心灵：福：幸运。意思是人运气来了，心也变得灵巧了。

灵机巧变：形容反应快，主意多，处理问题随机应变。

变化无穷：穷：极端。形容不断变化，没有止境。

穷凶极恶：形容极端残暴凶恶。

恶贯满盈：罪恶之多像穿钱一样已穿满一根绳子。形容罪大恶极，到受惩罚的时候了。

蝇营狗苟：比喻为了追逐名利，不择手段，像苍蝇一样飞来飞去，像狗一样不知羞耻。

苟且偷生：苟且：得过且过；偷生：苟且地活着。得过且过，勉强活着。

成语接龙游戏

 故事链接

信誓旦旦

春秋时期,有位男子爱上了一位无比美丽的姑娘。他在向姑娘求婚时,发誓今生今世永远爱她,即使海枯石烂也不会变心。

淳朴善良的姑娘信以为真,答应秋后与他成婚。婚后,妻子对丈夫真心诚意,但是丈夫却变了心,无端虐待她。

后来,那男子竟将她遗弃。她在痛苦中回忆起以往的种种情景,内心无比愤恨,怨恨地控诉说:"当初他说我们要白头到老,现在回忆起这话就使我怨恨。滔滔的淇水再宽也有个岸,湿湿的洼地再阔也有个边。当初我和他一起嬉戏,说说笑笑,多么欢快。当年他信誓旦旦,没想到如今却反复无常把心变。我恨他变心不念旧,只好一刀两断把事情了结!"

有人根据这位女子的不幸遭遇,写成了一首诗,即《卫风·氓》,其中有一段写道:

及尔偕老,老使我怨。

淇则有岸,隰则有泮。

总角之宴,言笑晏晏。

信誓旦旦,不思其反。

反是不思,亦已焉哉!

后来,人们用"信誓旦旦"这个成语指一个人的誓言说得真实可信。

成语接龙

生花妙笔　　笔走龙蛇

蛇口蜂针　　针锋相对

对牛弹琴　　琴心剑胆

胆大如斗　　斗转星移

移花接木　　木人石心

心灵手巧　　巧立名目

目瞪口呆　　呆若木鸡

鸡鸣狗盗　　盗亦有道

生花妙笔：比喻一个人有杰出的写作才能。

笔走龙蛇：下笔写字像龙和蛇行走一样一气呵成。形容书法生动而有气势。

蛇口蜂针：像毒蛇的口和毒蜂的针。比喻恶毒的言辞和手段。

针锋相对：比喻双方在策略、论点及行动方式等方面尖锐对立。

对牛弹琴：指讥笑听话的人不懂得对方所说的是什么意思。以此来讥笑说话的人不看对象。

琴心剑胆：比喻既有情致，又有胆识。旧小说多用来形容能文能武的才子。

胆大如斗：指胆子像斗一样大。形容一个人胆量极大。

斗转星移：星斗变动位置。指季节或时间的变化。

移花接木：把一种花木的枝条嫁接在另一种花木上。比喻暗中用手段更换人或事物来欺骗别人。

木人石心：指意志坚定，任何诱惑都不动心。

心灵手巧：心思灵敏，手艺巧妙。

巧立名目：想出各种办法定一些名目来达到某种不正当的目的。

目瞪口呆：形容因吃惊或害怕而表现出发愣的样子。

呆若木鸡：呆得像木头鸡一样。形容因恐惧或惊异而发愣的样子。

鸡鸣狗盗：学鸡啼叫，装狗进行偷窃，指微不足道的本领。也指偷偷摸摸的行为。

盗亦有道：道：准则。指的是盗贼也有他们行盗的准则和规矩。

故事链接

对牛弹琴

佛教并不是我国土生土长的宗教,而是在汉朝时才开始从印度传到中国,因此当时大多数人对佛教一窍不通。东汉末年,有个叫牟融的学者,他对佛经有很深的研究。但是当他给儒家学者宣讲佛义时,却总是用儒家的《论语》《尚书》等经典来阐述道理,而不直接用佛经来回答。儒家学者对他的这种做法非常不理解。牟融心平气和地回答:"我知道你们都熟悉儒家经典,而对佛经是陌生的,如果我引用佛经来给你们做解释,不就等于白讲了吗?"

牟融向他们讲了"对牛弹琴"的故事,进一步表明自己的观点:

"古代有一位大音乐家公明仪,他对音乐有很高的造诣,弹得一手好琴,优美的琴声常使人如身临其境。

有一天,阳光明媚,他漫步郊野,只见在一片葱绿的草地上有一头牛正在低头吃草。这清静怡人的氛围激起了音乐家为牛弹奏一曲的欲望。

他首先弹奏了一曲高深的'清角之操'。虽然他弹得十分认真,琴声也优美极了,可是那牛却依然如故,只顾低头吃草,根本不理会这悠扬的琴声。

公明仪不乐意了,但当他静静观察思考后,明白了那牛并不是听不见琴声,而实在是不懂得曲调高雅的'清角之操'。

于是,公明仪又重弹了一曲通俗的乐曲,那牛听到好像蚊子、牛蝇或小牛叫声般的琴声后,停止了吃草,竖起耳朵,好像在很专心地听着。"

牟融讲完故事,接着说:"我用儒家经典来解释佛义,也正是这个道理。"儒家学者们这才明白了牟融的良苦用心,于是都很佩服牟融传授佛经的方法。

成语接龙

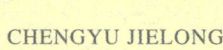

道貌岸**然**   **然**获读**书**

书香铜**臭**   **臭**味相**投**

投其所**好**   **好**为人**师**

师出无**名**   **名**震一**时**

时来运**转**   **转**祸为**福**

福地洞**天**   **天**马行**空**

空穴来**风**   **风**马牛不相**及**

及门之**士**   **士**为知己者**死**

道貌岸然：指神态严肃，一本正经的样子。现在常用来形容故作正经、表里不一的伪君子。

然荻读书：然：燃烧；荻：芦苇一类的东西。燃荻为灯，发愤读书。指勤学苦读。

书香铜臭：书香：读书的家风；铜臭：铜钱上的臭味。指集书香和铜臭于一体的书商。

臭味相投：多指有坏思想、坏作风的人在志趣、习惯等各方面都相同，彼此合得来。

投其所好：迎合别人的喜好。

好为人师：喜欢当别人的老师。形容不谦虚，自以为是，爱摆老资格。

师出无名：出兵没有正当理由。也引申为做某事没有正当理由。

名震一时：名声震动当时社会。

时来运转：旧指时机来了，命运也有了转机。指境况好转。

转祸为福：把祸患变为幸福。指把坏事变成好事。

福地洞天：原为道家语，指神仙居住的名山胜地。后多比喻风景优美的地方。

天马行空：天马奔腾神速，像腾起在空中飞行一样。比喻诗文气势豪放。也比喻人浮躁，不踏实。

空穴来风：有了洞穴才能进风。比喻消息传播不是完全没有原因。也比喻流言趁机传开。

风马牛不相及：本指齐楚很远，即使马牛走失也不会跑到对方境内。比喻事物彼此毫不相干。

及门之士：旧泛指登门求教的弟子。

士为知己者死：指愿为赏识自己、栽培自己的人献身。

成语接龙游戏

 故事链接

天马行空

"伊犁马"产于我国新疆境内的伊犁河一带，此马长得剽悍勇猛，毛色细腻美观，非常名贵。它的四条腿结实有力，行动敏捷，特别擅长跳跃。它是优良的轻型乘用马，自古以来就受到人们的喜爱，古人称它为"天马"。

汉朝时，西域的大宛国也出产一种名马，被称为"西极天马"，传说可以"日行千里"。因为"西极天马"跑得神速，故称之为"天马行空"。

最早将大宛国出产天马的消息告诉汉武帝的是张骞。汉武帝获悉后，立即派人带着金银珠宝和马匹去大宛国换天马。可是，大宛国国王却不肯把天马献出，而且还扣留了财物，并杀了使臣，把宝马藏匿在贰师城。

汉武帝大怒，派李广利为贰师将军，领兵讨伐大宛国。大宛国的大臣们害怕战争，就杀了国王毋寡，献出宝马三千匹。

成语接龙

死不瞑目　　目不识丁

丁一卯二　　二姓之好

好高骛远　　远近闻名

名不副实　　实获我心

心腹之患　　患得患失

失之毫厘，谬以千里

里应外合　　合理合法

法其遗志　　志大才疏

疏忽职守

成语接龙游戏

死不瞑目：死了也不闭眼。原指人死的时候心里还有放不下的事情。现常用来形容极不甘心。

目不识丁：连最普通的"丁"字也不认识。形容一个字也不认得，没有文化。

丁一卯二：丁卯合位，一丝不差。形容确实、牢靠。

二姓之好：指两家因婚姻关系而成为亲戚。

好高骛远：比喻不切实际地追求过高过远的目标。

远近闻名：在远处和近处都有名。比喻名字被大家所熟知。

名不副实：名声或名义和实际不相符。指空有虚名。

实获我心：表示别人的说法跟自己的想法一样。

心腹之患：心腹：这里指内部；患：祸害。比喻隐藏在内部的严重祸害。也泛指最大的隐患。

患得患失：患：忧患，担心。担心得不到，得到了又担心失掉。形容对个人得失看得很重。

失之毫厘，谬以千里：开始稍有差错，结果会造成很大的错误。

里应外合：应：接应；合：配合。外面攻打，里面接应。

合理合法：既合乎道理，又符合法律规定。

法其遗志：指效法死者生前没有实现的一些志愿。

志大才疏：志：抱负；疏：粗疏，薄弱。指人志向远大而才能不够。

疏忽职守：忽略了工作岗位。比喻一个人不尽职守责。

故事链接

成语接龙游戏

目不识丁

唐宪宗年间，张弘靖在朝廷中做官。他为人圆滑无比，吹牛拍马是他的长项，深得上司器重。没过多久，他竟被朝廷任命为幽州节度使，代替了前任节度使刘总。

幽州的百姓以为来了一个好官，急着要一睹张弘靖的尊容。

但是张弘靖不了解幽州，根本不懂这里的风俗民情，再加上他出身富贵之家，来到幽州时，他的车驾在三军之中十分显眼，使百姓吏卒们看了十分惊骇。

刚一上任，张弘靖便想有所作为，但从哪里着手呢？

他想到，幽州地处边远，要想开化这里的百姓，首先要改革民俗，但这谈何容易。

张弘靖想，安史之乱时，安禄山首先就是在幽州造反叛乱的，他以为只要能将安禄山的问题解决，民风就能好起来。于是，张弘靖派人掘开安禄山的坟墓，毁掉安禄山的棺椁，当地百姓看到张弘靖的所作所为大为失望，人们都说："我们都以为来了一个为民着想的好官，不想却来了一个掘墓开棺的官呀！"

不仅张弘靖让人失望，他手下还有两个十分可恶的官吏，他们一个

成语接龙游戏

叫韦雍，另一个叫张宗厚。这两个人整天无所事事，经常聚合一伙人到酒店去喝酒，而且每次都要喝到大半夜，直喝得酩酊大醉方才罢休。

有一天，韦雍又喝醉了酒，便对军吏们大发狂言："现在天下太平，国家无战事，你们这些军吏虽能拉开两石重的强弓，但那有什么用处呢？还不如认识一个'丁'字呢？"这对士兵们是一种极大的讽刺，因为当时士兵的衣服上都有一个"丁"字，表明韦雍极度骄纵，非常蔑视士兵。士兵们义愤填膺，对韦雍恨得咬牙切齿。这些事还不算，前任幽州节度使刘总离任回到朝廷不久，便派人为幽州的士兵们送来一百万贯钱，以犒赏跟随他多年的士兵。但是张弘靖竟敢冒天下之大不韪，从中扣下二十万贯充作军府杂用开销，只将八十万贯钱分给了那些士兵。

这件事不久就被全幽州人知道了，士兵们真是到了忍无可忍的地步，再也不愿受韦雍、张宗厚的欺压，更不愿听从张弘靖的指挥，借机反叛。

幽州的士兵愤怒地把韦雍、张宗厚杀了，又把张弘靖拘禁了起来。后来，朝廷派重兵平息了这场叛乱，张弘靖被贬下放。

心腹之患

伍子胥，春秋末期吴国大夫、军事家。名员，字子胥，楚国监利（今属湖北）人。伍子胥父伍奢为楚国太子太傅，因受费无忌谗害，和其长子伍尚一同被楚平王杀害。伍子胥逃到吴国，成为吴王阖闾的重臣。公元前506年，伍子胥带兵攻入楚都，掘楚平王墓，鞭尸三百，以报父兄之仇。吴国倚重伍子胥等人之谋，遂成为诸侯一霸。

吴王夫差准备出兵讨伐齐国，大臣伍子胥认为这个时候出兵攻打齐国，不仅耗费兵力粮草，而且作用也不大。而当前越国日渐强大，又离吴国很近，它才是将来吴国最大的隐患（心腹之患）。

然而这个时候，越王勾践正好带着臣子以及厚礼来朝见吴王，夫差收了越王送来的丰厚礼物，心里非常高兴，哪里听得进伍子胥的劝说，一心想要和越国搞好关系，便立刻出兵攻打齐国。

没过几年，越国更加强大了，越王勾践趁着吴国北上攻打晋国的机会，率领大军一路攻城略地，将吴国彻底打败了。

夫差没有听从伍子胥的劝告，使得吴国终于葬送在了自己手中。

成语接龙

CHENGYU JIELONG

守株待兔	兔死狐悲
悲天悯人	人人自危
危急存亡	亡猿祸木
木朽不雕	雕虫小技
技艺高超	超然物外
外强中干	干戈四起
起死回生	生离死别
别具一格	格格不入

成语接龙游戏

成语释义

守株待兔：比喻企图不经过努力而得到成功的侥幸心理。现也比喻死守狭隘经验，不知变通。

兔死狐悲：兔子死了，狐狸感到悲伤。比喻因同类的死亡而感到悲伤。

悲天悯人：悲天：哀叹时世；悯人：怜惜众人。指哀叹时世的艰难，怜惜人们的痛苦。

人人自危：由于残酷的统治，使每个人都感到危险。

危急存亡：指情势危险急迫，关系到生存或灭亡。

亡猿祸木：比喻欲损人反而害己的行为。

木朽不雕：腐烂的木头无法雕刻。比喻人不可造就或事物和局势败坏而不可救药。

雕虫小技：雕：雕刻；虫：指鸟虫书，古代汉字的一种字体。比喻小技或微不足道的技能。

技艺高超：指富于技巧性的表演艺术或手艺，好得超过一般水平。

超然物外：超然：超脱；物外：世外。超出世俗生活之外。引申为置身事外。

外强中干：干：枯竭。形容外表强壮，内里空虚。

干戈四起：干戈：兵器的通称。形容到处都发生争战。

起死回生：把快要死的人或动物救活。形容医术高明。也比喻把已经没有希望的事物挽救过来。

生离死别：活着的人之间分离好像和死者永别一样。指很难再见的离别或永久的离别。

别具一格：另有一种独特的风格。形容别致、新颖，与众不同的样子、风度等。

格格不入：形容彼此不协调，不相容。

 故事链接

守株待兔

宋国有位农民,每天都辛辛苦苦地在田地里劳动,维持全家的生活。一天,他正在田里干活,忽然,有只野兔从远处跑来。只见它狂奔乱闯,最后竟然撞在一个树桩上。农夫走近树桩一看,发现那只野兔已折断头颈死了。农夫高兴极了,心想:"我真是太幸运了,怎么会有此等好事?要是天天都有兔子捡,岂不比耕田的收获更多吗?"随后,他把那只死兔捡回家美美地吃了一顿。

兔子肉当然比稻谷好吃了!要是经常能吃到美味的兔子肉该有多好啊!

第二天,农夫早早来到了自己家的田地,但他并不干活,而是坐在那个树桩旁,满怀期待地等待着再有野兔撞死在树桩上,想再一次白白地捡到死兔。

可是,时间一天天地过去了,家人反对他,邻人笑话他,但这位农夫没有放弃,依然苦苦地在那棵大树下徘徊,精神实在可嘉。只是他却再也没有等到第二只撞死在树桩上的野兔,而田里的庄稼却荒芜了。

人们都取笑他这种行为,并且将他的故事传遍了宋国。

这个故事流传了多年,成为成语"守株待兔"的来源。

这个宋国的农民,因为偶尔捡到一只撞死的野兔,就荒芜了一季的庄稼,不管家人可能已经没有米下锅的现实,认为在自己的想象中能实现的事,在现实中也一定能实现,结果不但害得一家人面临饥饿的威胁,自己本身也成为他人的笑柄。实在是可悲啊!

这个故事让我们在感到可笑的同时,也启发我们:不要把偶然的幸运当成永远的幸

成语接龙游戏

运,幸福的生活不是坐着等待就能到来的,幸福的生活需要人们用自己勤劳的双手去创造。

起死回生

秦越人是战国时期齐国人,是家喻户晓的神医。人们都把他比作传说中黄帝时代的神医扁鹊,时间长了,很少有人知道他的真名,都称他为"扁鹊"。

有一次,扁鹊路过虢国,听见别人在议论,说太子本来身体健康,早上不知怎么突然就得病死了。扁鹊了解了一下太子得病的情况,当得知尸体还没有收殓时,扁鹊就对宫里的侍从说:"你去禀告国君,我能把太子救活。"那个侍从听了,认为扁鹊是在说大话。扁鹊就对他说:"你要是不信,就去看看太子,现在他的耳朵里有响声,鼻孔张得很大,下半身还是热的。"侍从惊奇地把嘴巴张得老大,赶紧跑去报告国君。

国君急忙出来接见,请扁鹊去救太子。扁鹊来到太子床前,看了看他的脸色,又号了一下脉,对国君说:"太子的病叫'尸厥',看起来像是死了,其实并没有死,完全有救。"扁鹊取出银针,在太子的头上、胸前、手脚上各扎了几针。不一会儿,太子果然苏醒了。扁鹊又熬了汤药给太子喝,还给他做了热敷。治疗了几天,太子就完全好了。消息传开后,扁鹊更是名声大振,人们都说他有起死回生的本事。扁鹊说:"我并不能让死人活过来,而是他本来就没死。"

成语接龙

入木三分　　分秒必争

争先恐后　　后顾之忧

忧心如焚　　焚琴煮鹤

鹤立鸡群　　群龙无首

首屈一指　　指鹿为马

马革裹尸　　尸位素餐

餐风宿露　　露胆披肝

肝胆相照　　照功行赏

成语接龙游戏

入木三分：王羲之的字迹透入木板三分深。形容书法极有笔力。现多比喻分析问题很深刻。

分秒必争：一分一秒也一定要争取。形容充分利用一切时间。

争先恐后：抢着向前，唯恐落后。

后顾之忧：来自后方的忧患。指在前进过程中担心后方发生问题。

忧心如焚：心里愁得像火烧一样。形容非常忧虑焦急。

焚琴煮鹤：把琴当柴烧，把鹤煮了吃。比喻糟蹋美好的事物。

鹤立鸡群：像鹤站在鸡群中一样。比喻一个人的仪表或才能在周围一群人里显得非常突出。

群龙无首：比喻没有领头的人，某些事无法统一行动。

首屈一指：扳指头计算，首先弯下大拇指，表示第一。引申为最好的。

指鹿为马：指着鹿，说是马。比喻故意颠倒黑白，混淆是非。

马革裹尸：马革：马皮。用马皮把尸体裹起来。指英勇牺牲在战场上。

尸位素餐：尸位：空占职位，不尽职守；素餐：白吃饭。指一个人空占着职位而不做事，白吃饭。

餐风宿露：形容旅途或野外生活的艰苦。

露胆披肝：披露肝胆。比喻待人坦诚之至。

肝胆相照：肝胆：比喻真心诚意。比喻以真心相见。

照功行赏：按照功劳大小给予不同的奖赏。

 故事链接

入木三分

王羲之,字逸少,晋朝会稽人,是我国历史上最著名的书法家。因为他曾经官居右军将军,所以人们又称他为"王右军"。

王羲之的书法,可以称得上冠绝古今。他的字秀丽中透着苍劲,柔和中带着刚强,后代众多著名书法家没有一个能比得上他的。所以,后代学习书法的人大都用他的字当范本。现在他留下来的书帖中最著名的有《兰亭集序》《黄庭经》等,都是他书法作品中的精品。

王羲之取得这些成就固然与他的天赋有关,但主要还是他刻苦练习的结果。

他曾经在池塘边练习写字,每次写完,就在池塘里洗涤笔砚。每一次,笔头一触及水池,水池里立即就黑了一片,染黑的水像一朵黑云一样迅速扩散到整个水池;再等他洗一洗那砚台,水池就黑得没法看了。有时候,他洗完笔砚,就在水池边休息一会儿,看着这被染黑的水,他思考了很多,领悟了很多。这种奇特的经历带给王羲之很多启发,让他越发相信,只要自己天长日久地坚持练习书法,一定能成为书法大家。时间一久,整个池塘的水都变黑了,加之墨汁很臭,害得那些小鱼小虾都没法生存了!而王羲之的书法功力果然大增!由此可知,王羲之在练习书法上所下的功夫有多深了。

王羲之不仅刻苦练习,还喜爱反复琢磨。为了练好字,王羲之无论是走路还是

成语接龙游戏

休息,无论是吃饭还是上厕所,脑子里萦绕的全是字的结构;就是在梦里,他也念念不忘一些字的偏旁部首,高声嚷嚷着这些部首的名字。就这样,他不停地揣摩字的骨架、领会字的气势,还不时用手指在衣襟上比画。久而久之,王羲之时常把自己的衣服划破。由此可知,王羲之对练字是多么痴迷。

有人不禁想问,王羲之这么用功,他的书法究竟练到了什么境界?有一次,当朝皇帝要到北郊祭祖,就先让王羲之把祝词写在一块木板上,然后再派工匠雕刻下来。结果工匠在雕刻时非常惊奇地发现,王羲之用毛笔写的字,笔力竟然渗入木头中,连湿布都无法擦掉,木匠的刀子刻进三分还能看见墨迹。这种情景,是这位工匠从没见过的,他不由得高声赞叹说:"右军的字,真是入木三分呀!"

王羲之刻苦练习书法,以至于书法入木三分的故事,启示我们:无论是学习知识,还是钻研某项技能,都要刻苦用功,全身心投入,仔细琢磨,天长日久,一定能学有所成。

鹤立鸡群

三国时候,魏国的嵇康是"竹林七贤"之一,是当时著名的文学家和音乐家。他身材魁梧高大,才华横溢,走到哪儿都非常引人注目。后来,他因为得罪了司马昭,在41岁的时候就被杀害了。

嵇康的儿子嵇绍,和他的父亲一样有才学,并且身材魁梧,仪表堂堂。

司马炎灭魏称帝后,嵇绍被征召到京都洛阳当官。有人见了他以后,对他父亲的好友王戎说:"昨天我第一次见到嵇绍,他长得高大极了。在人群之中,就像一只仙鹤站在鸡群里那样突出。"(嵇延祖卓卓如野鹤之在鸡群。)

王戎听了,说:"你还没有见过他父亲呢,比他更突出!"

晋惠帝司马衷继位后,嵇绍担任侍中,侍从皇帝,经常出入宫廷,很受皇帝信任,而嵇绍也对晋惠帝忠心耿耿。后来,西晋皇族内部发生了"八王之乱",嵇绍在跟随惠帝出兵作战的时候,尽力护卫晋惠帝,不幸中箭身亡,鲜血飞溅在惠帝的战袍上。惠帝很受感动,不让内侍洗去这件战袍上的血迹,表示他非常赞赏和怀念嵇绍的高贵品质。

成语接龙
CHENGYU JIELONG

赏心悦**目**   **目**不暇**接**

接二连**三**   **三**缄其**口**

口不择**言**   **言**而无**信**

信口雌**黄**   **黄**粱一**梦**

梦寐以**求**   **求**之不**得**

得寸进**尺**   **尺**蠖之**屈**

屈指可**数**   **数**一数**二**

二桃杀三**士**   **士**饱马腾

成语接龙游戏

赏心悦目：悦目：看着愉快。指看到美好的景色而心情愉快。

目不暇接：暇：空闲。指东西多，眼睛都看不过来。

接二连三：一个接着一个，接连不断。

三缄其口：缄：封。形容说话十分谨慎，不肯或不敢开口。

口不择言：嘴里说出来的话不加思考选择。指说话随便，言词不加考虑。

言而无信：说话不算数，没有信用。

信口雌黄：古时写字用黄纸，写错了就用雌黄涂抹改写。比喻不顾事实，随口乱说。

黄粱一梦：黄米饭尚未蒸熟，一场好梦已醒。比喻虚幻不实的事。或指欲望的破灭犹如一梦。

梦寐以求：睡梦中都在寻找、追求。后用来形容愿望强烈、迫切。

求之不得：想找而找不到。原指急切企求，但不能得到。后多形容早就有此愿望。

得寸进尺：得了一寸，还想再进一尺。比喻贪心、不知足，有了小的，又想要大的。

尺蠖之屈：尺蠖用弯曲来求得伸展。比喻以退为进的策略。

屈指可数：形容数目很少，扳着手指头就能数过来。

数一数二：不算第一，也算第二。形容突出。

二桃杀三士：两个桃子赐给三个壮士，三个壮士因相争而死。比喻用计谋杀人。

士饱马腾：形容军营中的粮饷充足，士气旺盛。

 故事链接

信口雌黄

  魏晋时期，都城洛阳名士云集，人才辈出。但大家最喜欢研究的并非是经世之学，而是围绕老子和庄子的学说展开清谈。当时上层社会清谈之风日盛，西晋大臣王衍就是一个出名的清谈家，"信口雌黄"这个成语也因他而产生。

  史料记载，王衍，字夷甫，生于256年。他出身名门望族，父亲曾任平北将军，"竹林七贤"中的王戎为其堂兄。他少年时就伶牙俐齿，非常善于辩论。有一次，他到文学名家山涛府上做客。他以清秀的外貌、文雅的谈吐，赢得四座赞赏。山涛却看到了王衍只重言谈而不重实际的弱点，感叹地说道："日后耽误天下的，未必不是此人啊！"

  王衍博览群书，才华出众，长大后步入仕途，频频提升，年纪轻轻就做了黄门侍郎。由于受到当时社会风气的影响，他渐渐地迷上了玄学。他精通玄理，出口成章，为世人所倾慕。当时，人们清谈时必定要手执一种用木条和兽毛做成的工具，名叫麈尾，它本是用于驱虫、掸尘的，但相沿成习就成为一种名流雅器。王衍常常拿持在手的麈尾很特别，柄为白玉做成。每当清谈的时候，人们一边听着他的高谈阔论，一边看着他那和麈尾玉柄一样白皙的手，无不目瞪口呆。

  可是王衍在义理讲得有错时，又随口改正，毫不在乎别人的责难，有时甚至搞得连自己的话也前后矛盾。当时，人们用黄纸写字，发现写错了，就拿雌黄来涂抹，然后再予以更正。大家见王衍这样喜欢更改自己的言论，于是便给他起了一个绰号——"口中雌黄"，意思是说他随口更正不恰当的话。

  王衍不仅说话随意，做事也经常拿不定主意，没有长远的眼光。他先把女儿嫁给太子，后来太子在皇族争权的斗争中遭到了陷害，他怕受牵累，赶快上奏请求解除婚约；等太子的冤案昭雪后，他却因为没有能够坚守气节，而被太子囚禁起来。

  西晋皇族争权斗争愈演愈烈，历史上著名的"八王之乱"就发生在这个时候，王衍在动乱中被两位得势王爷看中，委以重任。但他颠三倒四的习性不改，身居要职却不以天下为念，只顾扩张自己的权势。西晋王朝败亡，王衍却推卸责任，说自己一向不干预朝政，罪不在自己。可是他在动乱中也没有逃过劫难，他被敌军俘去监禁在民舍内。半夜，敌将下令推倒屋墙，把他活埋在瓦砾堆中。

成语接龙

腾蛟起凤　　凤鸣朝阳

阳关大道　　道听途说

说三道四　　四面楚歌

歌舞升平　　平心静气

气喘如牛　　牛郎织女

女中丈夫　　夫唱妇随

随波逐流　　流离失所

所向披靡　　靡靡之音

腾蛟起凤：宛如蛟龙腾跃、凤凰起飞。形容人很有文采。

凤鸣朝阳：凤凰鸣叫在早晨太阳初升的时候。比喻有高才得遇明时。

阳关大道：原指古代经过阳关通向西域的大道，后泛指宽阔的交通大道，也比喻光明的前途。

道听途说：道、途：路。路上听来又在路上传播出去的话。泛指没有根据的传闻。

说三道四：形容乱加谈论。

四面楚歌：四面都是楚国人的歌声。后来比喻陷入四面受敌、孤立无援的窘迫境地。

歌舞升平：升平：太平。边歌边舞，庆祝太平。

平心静气：心情平和，态度冷静。

气喘如牛：如牛那样大声喘气，形容呼吸急促。

牛郎织女：神话人物，从牵牛星、织女星的名称衍化而来。比喻分居两地的夫妻。也泛指一对夫妻或情人。

女中丈夫：指妇女中有男子汉气概的人。指女中豪杰。

夫唱妇随：原指丈夫说什么，妻子就要附和。指妻子必须顺从丈夫，后比喻夫妻和睦相处。

随波逐流：比喻自己没有立场和主见，缺乏判断能力，只是随着潮流走。

流离失所：流离：转移离散。无处安身，到处流浪。

所向披靡：比喻力量达到的地方，敌人望风溃败或一切障碍全被清除。

靡靡之音：靡靡：柔弱，萎靡不振。指亡国的音乐，现指颓废的、低级趣味的音乐。

成语接龙游戏

 故事链接

道听途说

春秋时代，齐国有个人叫毛空，他爱听那些没有根据的传说，然后再把自己听到的故事添油加醋地讲给别人。有一天，艾子带着学生从楚国回到齐国，刚进都城，便遇到了毛空。毛空极其神秘地告诉艾子，说有人养了一只鸭子，这只鸭子一次生了一百个蛋。

艾子不信，说："不会有这样的事吧！"毛空说："那可能是两只鸭子。"艾子摇摇头，说："这也不可能。"毛空连忙改口说："那么大概是三只鸭子生的吧。"艾子还是不信。

"那就是十只鸭子生的！"毛空最后斩钉截铁地说。毛空就是不愿意减少已说出的鸭蛋的数目，艾子当然无法相信。

看到艾子不相信，毛空想了一会儿，又对艾子说："上个月，天上掉下一块肉来，有三十丈长，十丈宽。"艾子不信，毛空急忙改口说："那么是二十丈长。"艾子还是不信。

毛空无可奈何地说："那就算十丈长吧！"艾子实在忍不住了，再也不愿意听毛空乱说了，便生气地反问道："世界上哪有十丈长，十丈宽的肉？还会从天上掉下来？掉在了什么地方？是你亲眼所见吗？刚才你说的鸭子是哪一家的？你去他家看了吗？"毛空被问得答不出话来，只好支支吾吾地说："那都是我在路上听人家说的。"艾子听了，大笑。然后他转身对站在身后的学生们说："你们可不要像他那样'道听途说'啊！"

孔子曾经说过："路途中听到传言就四处传播，这种不负责任的态度是对道德的背弃。"这则故事正好是对孔子这句话的诠释。

成语接龙

音容笑貌　　貌合神离

离群索居　　居安思危

危言耸听　　听而不闻

闻风丧胆　　胆小如豆

豆蔻年华　　华而不实

实事求是　　是非曲直

直言不讳　　讳莫如深

深仇大恨　　恨之入骨

成语释义

音容笑貌： 人的声音容貌和神态。用以怀念故人的声音、容貌和神情。

貌合神离： 指表面上两人很切合，内心里不一样。形容表面上关系很密切，实际上是两条心，各怀心思。

离群索居： 指的是离开同伴而过孤独的生活。

居安思危： 处在安定的环境里，要想到有可能出现的危难祸害。指随时有应付意外事件的思想准备。

危言耸听： 指故意说些夸大的吓人的话，使听的人惊疑。

听而不闻： 听了跟没听到一样。形容不关心，不在意。

闻风丧胆： 听到风声，就吓得丧失了勇气。形容极其恐惧。

胆小如豆： 胆子小得像豆子一样。形容一个人胆子极度小。

豆蔻年华： 豆蔻：多年生常绿草本植物，初夏开淡黄色花。指女子十三四岁之时。

华而不实： 只开花不结果。比喻外表好看，内里空虚。

实事求是： 从实际出发，认识事物的本质。通常指按照事物的实际情况办事。

是非曲直： 正确的与错误的，有理的与无理的。泛指对事物的评断。

直言不讳： 讳：忌讳。说话坦率，毫无忌讳。

讳莫如深： 讳：隐瞒；深：事件重大。原意为事件重大，讳而不言。后指把事情隐瞒得很紧。

深仇大恨： 形容仇恨极为深重。

恨之入骨： 恨到骨头里。形容对一些人或事痛恨到了极点。

 故事链接

实事求是

西汉的时候,汉景帝刘启有个儿子叫刘德,被封为河间献王。

刘德对研究学问非常感兴趣,而且读书读得很认真。他还深入民间收集了很多先秦时代的具有很大价值的古书。在掌握丰富的研究资料的基础上,他认真地进行了学术研究和历史考证的工作。

当时,许多有学问的人看到刘德这种严谨认真的治学态度,都很敬佩他,对他的赞扬之声更是不绝于耳。

班固在编著《汉书》的时候,还专门为刘德写了一篇文章,名字叫《河间献王传》。班固也非常欣赏刘德,他在文中这么评价刘德的这种学习态度:"修学好古,实事求是。"

后来,唐代一个叫颜师古的大学者又对这个评价加以注释,说:"务得事实,每求真是也。"这些话的意思是说:刘德读书特别认真,喜爱钻研探讨古代的文化,研究学问注重掌握大量的事实做依据,然后再从中找出可靠的结论来。

后来,根据这些记载和故事,"实事求是"便成了人们常常使用的一个成语。

成语接龙

骨瘦形销	销声匿影
影影绰绰	绰绰有余
余桃啖君	君子之交淡如水
水到渠成	成千上万
万事俱备，只欠东风	风花雪月
月黑风高	高枕无忧
忧国忧民	民不聊生
生龙活虎	虎虎生风

骨瘦形销：形容瘦到了极点。

销声匿影：不公开讲话，不公开露面。指隐藏起来或不公开露面。

影影绰绰：隐隐约约，模模糊糊，不真切。

绰绰有余：绰绰：宽裕。余：剩余，还有。形容人、物、财、能力等非常宽裕，用不完。

余桃啖君：比喻爱憎喜怒无常。

君子之交淡如水：君子：古代指地位高、有道德的人，现在称品行好的人为君子。君子之间建立在道义基础上的交情高雅纯净，清淡如水。

水到渠成：水流到的地方自然形成一条水道。比喻条件成熟，事情就能顺利成功。

成千上万：多得以千万数。形容数量很多。

万事俱备，只欠东风：一切都准备好了，只差东风没有刮起来，不能放火。比喻什么都已准备好了，只差最后一个重要条件了。

风花雪月：原指旧时诗文里经常描写的自然景物。后来比喻堆砌辞藻、内容贫乏空洞的诗文。也指花天酒地的荒淫生活。

月黑风高：没有月亮、风也很大的夜晚。比喻险恶的环境。

高枕无忧：垫高枕头，无忧无虑地睡觉。比喻思想麻痹，丧失警惕。

忧国忧民：为国家的前途和人民的疾苦而担忧。

民不聊生：老百姓无以为生。形容人民生活极端困苦。

生龙活虎：像有生气的龙和有活力的虎。形容活泼矫健，富有生气。

虎虎生风：老虎奔跑、扑出时带出阵阵大风。形容人的动作灵活、利落、有劲。

成语接龙游戏

 故事链接

高枕无忧

战国的时候,齐国的孟尝君在家里养了三千个门客,孟尝君把这些人分成上、中、下三个等级。

有一天,孟尝君的朋友介绍一个叫冯谖的人到孟尝君家,孟尝君问他的朋友:"这个叫冯谖的人有什么专长呀?"朋友想了很久说:"好像没什么专长!"

孟尝君听了之后,就不怎么理会冯谖,家里的用人看到孟尝君不理冯谖,以为主人瞧不起冯谖,便通通把冯谖当下等的门客招待。

冯谖心里很不高兴,天天发牢骚:"既然大家都瞧不起我,我干脆离开算了!"孟尝君知道以后,就把冯谖由下等的门客升为上等的门客,还送给冯谖的母亲吃的和用的东西,冯谖心想:孟尝君对我这么好,我一定要找机会报答他!

有一次,孟尝君派冯谖到薛地去讨债,冯谖违背孟尝君的命令,叫所有欠孟尝君钱的人不用还钱,替孟尝君买了个"义"的好名声。

后来孟尝君被齐国国君解除了相国的官位,回到薛地去住的时候,薛地的百姓都热烈地欢迎孟尝君!

过了不久,冯谖又对孟尝君说:"一只兔子要有三个洞藏身,才能免除被猎人猎杀的危险。您现在住在薛地,就好像兔子只有一个洞,是很危险的!万一齐国的国君对您不满意要杀您,您连躲的地方都没有!所以,您现在还不能把枕头垫高,安心地睡觉!"孟尝君一听:"那我该怎么办呢?"冯谖说:"这件事就交给我去办!我会让您像狡兔一样,有三个安全的洞藏身!"

于是,冯谖就去找魏国的国君魏惠王,告诉魏惠王孟尝君非常能干,魏惠王听了之后,立刻派人带着一千斤黄金、一百辆马车去请孟尝君到魏国做相国。

这个消息传到了齐国,齐国的国君马上慌张起来,赶快用隆重的礼节请孟尝君回齐国做相国。

同时,冯谖又叫孟尝君在薛地建立宗庙,用来保证薛地的安全。等到薛地的宗庙建好以后,冯谖就对孟尝君说:"现在三个洞都已经挖好了,从今天起,您就可以把枕头垫高,安心地睡觉了!"

后来,人们就用"高枕无忧"来形容做事情准备周全,无所忧虑。

风门水口　　口若悬河

河山之德　　德輶如羽

羽毛未丰　　丰衣足食

食古不化　　化及豚鱼

鱼目混珠　　珠联璧合

和盘托出　　出口成章

章台杨柳　　柳暗花明

明辨是非　　非同小可

风门水口：指要冲，重要的地点。

口若悬河：形容能说会辩，说起来没完。

河山之德：形容妇人德容之美。

德輶如羽：指实行仁德并不困难，全在于他有没有这个志向。

羽毛未丰：小鸟没长成，身上的毛很稀疏。比喻势力还小，或学识、阅历尚浅。

丰衣足食：穿的吃的都很丰富充足。形容生活富裕。

食古不化：读书、作画一味学习古人，拘泥陈法，不灵活运用。指对所学的知识不理解，不善于按现在的情况来运用，跟吃东西不消化一样。

化及豚鱼：教化都能涉及小猪和鱼。比喻教化普及而深入。

鱼目混珠：混：掺杂，冒充。拿鱼眼睛冒充珍珠。比喻用假的冒充真的。

珠联璧合：珍珠串在一起，美玉结合在一块。比喻杰出的人才或美好的事物聚集在一起。

和盘托出：连盘子也端出来了。比喻全都拿出来，毫不保留。

出口成章：说出话来就成文章。形容文思敏捷，口才好。

章台杨柳：比喻窈窕美丽的女子。

柳暗花明：形容柳树成荫、繁花似锦的春天景象。也指环境或境界的骤然转变，多指由逆境转为充满希望的顺境。

明辨是非：分清楚是和非、正确和错误。

非同小可：小可：寻常的。指情况严重或事情重要，不能轻视。

 故事链接

柳暗花明

"柳暗花明"讲的是南宋大诗人陆游的故事。陆游身处的时代,国家分裂,外族进扰。王室的人逃到江南临安,建立了南宋王朝,苟且偷安。眼看着祖国的大好河山被外族践踏,陆游主张对外族的进扰坚决予以回击,属于主战派。因此,他受到了主和派的诬陷而被削去官职,贬为平民百姓。陆游万般无奈,只好从隆兴取道回到故乡山阴,在那里闲居了三年。

像陆游这样胸怀天下的爱国人士,闲居在家的滋味当然不好受。他想报效朝廷却受到罢黜,内心充满了痛苦,只得整天在家读书打发时间。然而,读书也不能使陆游感到快乐,因为他的心时常为祖国的前途命运担忧。

因为他从小在农村长大,没有当官的架子,所以,很快他就和村民们都混得很熟。在和村民们相处的时候,陆游变得开心起来。

就这样,一年时间过去了,陆游渐渐轻松起来,读书之余,常到附近各处走走看看。

第二年四月的一天清晨,陆游被鸟鸣声吵醒,他推窗一看,见户外春光明媚,他想:"这是一个出游的好时机,我何不趁此春光大好的时机,去野外走走呢!"

陆游决定独自一人到二十里外的西山去游览。谁知,登西山,并不是一件很容易的事,要翻过好几个小山头才能到达。陆游拄着手杖,顺着沿河的山坡向上行走。一路上,花香萦绕,鸟儿鸣唱,陆游心情大好。但是,西山始终可望而不可即。

西山之行,让陆游在游览山水之余,排遣了心中的苦闷,并对自己被贬的事实有了清醒的认识。特别是当他行走在茫茫的天地间,看着山,过了一重又一重;水,绕过一道又一道。而每次走到一个去处,似乎到了尽头,再也没路走了,但拐了一个弯,他却发现前面不远的山谷里有一块空地,在那成荫的绿柳和明丽的红花之间,竟然有一个小村庄。这些,都带给陆游很多启发,让他的心胸豁然开朗。

陆游兴致勃勃地走向前面的山谷,来到了那个小村庄。村民们都对远道而来的陆游非常友好,并热情地接待了他,陆游在这个小村庄度过了非常愉快的时光。

回到家后,陆游对这次西山之行印象特别深刻,便作了一首七言律诗《游山西村》。其中有两句就是:山重水复疑无路,柳暗花明又一村。

从此,"柳暗花明"这个成语便传开了。

成语接龙

可想而知	知法犯法
法外施仁	仁至义尽
尽善尽美	美中不足
足智多谋	谋财害命
命辞遣意	意气风发
发扬光大	大步流星
星罗棋布	不耻下问
问舍求田	田夫野老

成语接龙游戏

可想而知：能够经过推想而知道，可以想见。

知法犯法：知道法律，又违反法律。指明知故犯。

法外施仁：在法律之外还施加仁德。多用来指宽大处理罪犯。

仁至义尽：仁爱和正义的行动到了头。旧时指诚心报答有助于农事的神灵。现指人的善意和帮助已经做到了最大限度。

尽善尽美：极其完善，极其美好。指完美到没有一点缺点。

美中不足：事物虽好，但还有不足。

足智多谋：富有智慧，善于谋划。形容人善于料事和谋划。

谋财害命：为了劫夺财物，害人性命。

命辞遣意：运用文辞表达思想。

意气风发：风发：像风吹一样迅猛。意志和气概像风一样强烈。形容精神振奋，气概豪迈。

发扬光大：发扬：发展，提倡；光大：辉煌而盛大。使好的作风、传统等得到发展和提高。

大步流星：形容步子跨得大，走得快。

星罗棋布：像天空的星星和棋盘上的棋子那样分布。形容数量很多，分布很广。

不耻下问：不耻：不以为耻辱；下问：降低身份请教别人。乐于向学问或地位比自己低的人学习，而不觉得不好意思。

问舍求田：只知道置产业。比喻没有远大的志向。

田夫野老：乡间农夫，山野父老。泛指民间百姓。

成语接龙游戏

 故事链接

足智多谋

曹操是三国时期著名的政治家、军事家。他足智多谋,善于解决用兵中的各种复杂问题。有一年夏天,天气十分炎热,他率领大军经过一个没有水的地方,将士们又热又渴,难受极了。

曹操在心里盘算道:这一下可糟糕了,找不到水,这么耗下去,不但会贻误战机,还会有不少的人马要损失在这里,得想个什么办法来鼓舞士气,激励大家走出干旱地带。

曹操想了又想,突然灵机一动,想出了个好点子。他站在山冈上,抽出令旗指向前方,大声喊道:"前面不远的地方有一大片梅林,结满了又大又酸的梅子,大家再坚持一下,走到那里吃到梅子就能解渴了!"战士们听了曹操的话,想到梅子的酸味,就好像真的吃到了梅子一样,口里顿时生出了不少口水,精神也振作起来,鼓足力气加紧向前赶去。就这样,曹操终于率领军队走到了有水的地方。

曹操利用人们对梅子酸味的条件反射,成功地克服了干渴的困难。可见人们在遇到困难时,不要一味畏惧不前,应该时时动脑,用自己的智慧去解决眼前的难题,这样就能到达成功的彼岸。

成语接龙

老马识途	途穷日暮
暮鼓晨钟	钟鼓馔玉
玉碎珠沉	沉默寡言
言听计从	从容自如
如履薄冰	冰清玉洁
洁身自好	好大喜功
功德无量	量力而行
行将就木	木心石腹

成语释义

老马识途：老马认识走过的路。比喻经验丰富的人能起引导作用。

途穷日暮：天已晚了，路已走到了尽头。指处境十分困难，力竭计穷。也形容穷困到了极点。

暮鼓晨钟：寺院里晚上击鼓，早晨撞钟，以报时间。也形容寺院的孤寂生活或时光的推移。

钟鼓馔玉：指鸣钟鼓，食珍馐。形容富贵豪华的生活。

玉碎珠沉：美玉破碎，珠宝沉没。比喻女子去世。

沉默寡言：默默无言，很少说笑。

言听计从：说的话，出的计谋都被听从采纳。

从容自如：形容沉着镇定，不慌不忙。

如履薄冰：履：践、踩在上面。像走在薄冰上一样。比喻行事极为谨慎。

冰清玉洁：像冰那样清澈透明，像玉那样洁白无瑕。比喻人的操行清白。

洁身自好：保持自身清白，不同流合污。也指顾惜尊重自己，不与他人纠缠在一起。

好大喜功：原指封建帝王喜好扩大疆土，炫耀武功。后指不管条件是否许可，一心想做大事立大功。多用以形容浮夸的作风。

功德无量：旧时指功劳恩德非常大。现多用来称赞做了好事。

量力而行：按照自己力量的大小去做，不要勉强。

行将就木：指人的寿命已经不长，快要进棺材了。

木心石腹：形容冷酷无情。

故事链接

老马识途

春秋时期，北方的山戎国侵略燕国。燕国的国君向齐国求救，齐国的国君齐桓公亲自率领大军去救助，随他出征的有相国管仲和大夫隰（xī）朋。齐桓公的军队赶到燕国时，山戎国的军队已带着掠夺的财物，逃到孤竹国去了。齐桓公命令军队继续追击敌人。山戎国和孤竹国的军队听说齐国的军队打来了，就吓得躲进了深山荒林中。齐桓公顺着敌人的踪迹攻进深山，最后，把敌人的军队打得四散奔逃。齐桓公取得了胜利，并把敌人掠夺的财物也夺了回来。

他们要返回齐国时，却迷了路。因为齐军来的时候是春天，山青水绿，道路容易辨认。而返回时已是冬天，山野白雪皑皑，山路弯曲多变。大军在崇山环绕的一个山谷里转来转去，最后迷了路，怎么也找不到归路。虽然派出多批探子去探路，但仍然弄不清楚该从哪里走出山谷。时间一长，军队的给养发生了困难。情况非常危急，再不找到出路，大军就会被困死在这里。

管仲思索了好久，有了一个设想：既然狗离家很远都能寻回家去，那么军中的马尤其是老马，也会有认识路途的本领。于是他对齐桓公说："大王，我认为老马有认路的本领，可以利用它在前面领路，引领大军走出山谷。"

齐桓公立刻让人挑选了几匹老马，放开缰绳，让它们在前面随意地走，军队跟在后边。没过多久，在老马的带领下，齐国的军队果然走出了山谷，找到了回齐国的路。

 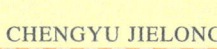 

腹有鳞甲	甲第星罗
罗雀掘鼠	鼠目寸光
光怪陆离	离乡背井
井蛙之见	见利忘义
一鸣惊人	人定胜天
天真烂漫	漫不经心
心荡神摇	摇笔即来
来者不拒	拒人于千里之外

腹有鳞甲： 鳞甲：比喻人多巧诈的心。比喻居心险恶，不可接近。

甲第星罗： 形容富贵人家的宅第极多。

罗雀掘鼠： 原指张网捉麻雀、挖洞捉老鼠来充饥的窘困情况，后比喻想尽办法筹措财物。

鼠目寸光： 老鼠的眼睛只能看到较短距离内的事物。形容目光短浅，没有远见。

光怪陆离： 形容奇形怪状，五颜六色。也形容事物离奇多变。

离乡背井： 背：离开；井：古制八家为井，引申为乡里、家宅。不得已离开家乡，流落到外地。

井蛙之见： 井底之蛙那样狭隘的见解。比喻狭隘短浅的人。

见利忘义： 见到有利可图就不顾道义。

一鸣惊人： 一叫就使人震惊。比喻平时没有突出的表现，一下子做出惊人的成绩。

人定胜天： 指人力能够战胜自然。

天真烂漫： 原指不矫饰，不做作，纯真自然。后多用来形容儿童心地单纯、性情直率。

漫不经心： 随随便便，不放在心上。

心荡神摇： 指神魂颠倒，不能自持。亦指情思被外物吸引而飘飘然。

摇笔即来： 不用多思索，一动笔就写出来了。形容写文章快。

来者不拒： 对来的人或送上门来的东西概不拒绝。

拒人于千里之外： 把人挡在千里之外。形容态度傲慢，坚决拒绝别人，或毫无商量的余地。

成语接龙游戏

故事链接

一鸣惊人

　　淳于髡是战国时齐国的著名学者,他因家里穷,只好入赘到女方家为婿。再加上他身材矮小,相貌丑陋,很让人瞧不起。但他机智聪明,博学多才,赢得了人们的尊敬。

　　齐威王即位以后,整天吃喝玩乐,不问国政。在他即位后的几年里,许多国土被各诸侯国占领,齐国危在旦夕,但齐威王不听任何劝谏。

　　齐威王有个怪癖,喜欢听笑话、猜谜语。淳于髡滑稽幽默,言语风趣,他就打算用谜语来劝告齐威王。

　　一天,淳于髡来到朝廷求见齐威王。齐威王正在饮酒作乐,见到淳于髡后,很不耐烦,连说:"你没看见我正忙着呢,有事明天再说。"淳于髡说:"大王,我最近听到一则谜语,特意来讲给您听。"齐威王一听谜语,高兴地说:"好啊,快讲,快讲。"

　　淳于髡说:"咱们齐国有只大鸟落在大王的庭院里,三年的时间,它不飞也不叫。您知道这是只什么鸟吗?"淳于髡刚一讲完,齐威王就一本正经说:"此鸟不飞则已,一飞冲天;不鸣则已,一鸣惊人。"

　　原来,齐威王以前荒淫无度,只不过是个假象。当时,齐国的政权掌握在卿大夫手中,齐威王需要辨明忠臣和奸佞。齐威王听出淳于髡是用谜语讽喻他,他认为时机已成熟,决心整顿朝纲,振兴齐国。

天真烂漫

郑思肖是南宋末年很有气节的画家。后来北方的部落向南进扰,他曾向朝廷献计,但未被采纳。

南宋灭亡后,他弃官隐居在苏州寺庙中,改名为"思肖"。因为宋朝皇帝姓赵,"肖"是赵(趙)的偏旁,表示自己永远思念宋朝。

郑思肖在自己的寓所里挂了一块大匾,匾上是他亲笔写的"本穴世界"四个字。

原来,"本"可拆分为"大""十"两字,把其中的"十"字放在"穴"字中间,就成为"宋",加上"大"就是"大宋",说明自己仍然生活在"大宋"的疆域内。

他连自己的朝向也非常注意,无论坐着还是睡觉,总要面向南方。许多人慕名前来拜访他,切磋画艺。他见来人说南方话,便热情接待;听来人说北方话,便拂袖而去。

郑思肖在寺庙四周种上庄稼、花草,特别爱种梅、兰、竹、菊。他能诗善画,尤其擅长画兰花,他画的墨兰没有土根,却生动逼真,朋友们都赞叹不已。有人问他:"先生画墨兰,为什么不画土根呢?"

郑思肖愤然答道:"土地都给别人抢去了,哪儿来的土根!"这是他对故土的怀恋和对元朝统治者的抗议。

郑思肖的画远近闻名,连当地县官也想得到一幅。一次,县官让差役传话,如果他能献出一幅墨兰,就可以免去他的赋税。郑思肖强硬地对差役说:"回禀你们老爷,头可得,兰不可得!"县官听了,本想对他惩处,但考虑到这样做会引起文人们的反抗情绪,也就不了了之了。

自此,人们对郑思肖更加敬佩,求画的人越来越多。郑思肖常常当众挥笔,作画题诗,以赠友人。

有一次,他画了一幅墨兰图,高五尺、长一丈多,自然仍无土根,并在画上题了"纯是君子,绝无小人"八个字。大家看到这幅画后,赞不绝口,一致认为他的画"天真烂漫,生机勃勃"。

成语接龙

外柔内刚	刚正不阿
阿谀逢迎	迎刃而理
理所当然	然糠照薪
薪尽火灭	灭门绝户
户枢不朽	朽木不雕
雕虫篆刻	刻不容缓
缓兵之计	计深虑远
远见卓识	识才尊贤

外柔内刚：外表柔和而内心刚正。

刚正不阿：刚强正直，不逢迎，无偏私。

阿谀逢迎：阿谀：用言语恭维别人；逢迎：迎合别人的心意。奉承，拍马，讨好别人。

迎刃而理：比喻处理一件事情和解决一些问题很顺利。

理所当然：当然：应当如此。按照道理应当这样。

然糠照薪：烧糠照明，比喻一个人勤奋学习。同"然糠自照"。

薪尽火灭：柴草烧完了，火也就灭了。比喻到此死亡。

灭门绝户：绝户：绝后。全家人死尽，无一人幸免。形容灾祸之惨烈。

户枢不朽：户枢：门的转轴；朽：腐烂，败坏。经常转动的门轴就不会朽坏。比喻经常运动的东西不易受侵蚀。

朽木不雕：比喻人不可造就或事物、局势败坏而不可救药。

雕虫篆刻：虫：古代汉字的一种字体。比喻微不足道的技能，多用来比喻写作诗、文等的技能。

刻不容缓：刻：指短暂的时间；缓：延迟。指形势十分紧迫，一刻也不允许拖延。

缓兵之计：延缓对方进攻的计策。指拖延时间，然后再想办法。

计深虑远：计：计谋；虑：考虑。计谋很深远。

远见卓识：卓：高超；识：见识。远大的眼光和高明的见解。

识才尊贤：能识别并尊重有才能的人。

成语接龙游戏

 故事链接

识才尊贤

三国的时候，魏国的曹操是一个很有谋略的大军事家。他不仅自己有很丰富的文化知识和军事知识，而且还非常注重对人才的重用。

有一天晚上，曹操操劳了一整天的国事，正准备休息。就在他脱下鞋子洗脚的时候，突然门外有个士兵进来禀报，在营帐外面守卫的人拦下了一个人，那个人非要见曹操。曹操坐在床上问那个士兵："来的人叫什么名字？"士兵回答说："他说他叫许攸。"

许攸是一个很有才智和谋略的文士，他本来是袁绍的谋士，但是他多次向袁绍提出方法、建议都没有被接纳，因此，许攸觉得非常不满。既然袁绍不能重用自己，家人又因为犯了法被收治，于是许攸决定投奔曹操。

听到许攸这个名字，曹操高兴得不得了，一下子从床上站起来，连鞋子穿反了都顾不上换过来，就跑出去迎接许攸。他还边跑边说："怎么不早点告诉我，可让先生久等了！"

天下的人都听说曹操能够识才尊贤，都来归附他。后来，许攸建议曹操偷袭乌巢，结果大获全胜。官渡之战后，许攸也立下了不少汗马功劳。

成语接龙

CHENGYU JIELONG

贤良方正	正襟危坐
坐视不救	救亡图存
存十一于千百	百折不屈
屈打成招	招财进宝
宝刀不老	老大无成
成竹在胸	胸怀大志
志士仁人	人云亦云
云霞满纸	纸上谈兵

成语接龙游戏

贤良方正：一种举荐官吏后备人员的制度，唐宋沿用，设贤良方正科。也指德才兼备的好人品。

正襟危坐：襟：衣襟；危坐：端正地坐着。整一整衣服，端正地坐着。形容严肃或恭敬的样子。

坐视不救：坐视：坐着看。见别人遇到困难或危险，自己坐在一旁看着不去援救。

救亡图存：拯救国家的危亡，谋求国家的生存之道。

存十一于千百：指亡多而存少。

百折不屈：受到无数挫折都不屈服、动摇。形容意志坚强，品节刚毅。

屈打成招：屈：冤枉；招：招供。指无罪的人冤枉受刑，被迫招认有罪。

招财进宝：招引进财气、财宝进门以发财致富。

宝刀不老：比喻虽然年龄大了，但精神、体力、本领仍不减当年。

老大无成：老大：年老。指年纪已老，无所成就。

成竹在胸：画竹前竹的完美形象已在胸中。比喻在做事之前已经有完整的谋划打算。

胸怀大志：怀有远大的志向。

志士仁人：原指仁爱而有节操，能为正义牺牲生命的人。现在泛指爱国而为革命事业出力的人。

人云亦云：人家怎么说，自己也跟着怎么说。指没有主见，只会随声附和。

云霞满纸：形容满眼都是精彩的文笔。

纸上谈兵：在纸面上谈论打仗。比喻空谈理论，不能解决实际问题，不能成为现实。

 故事链接

成竹在胸

宋仁宗时,有一位著名的画家文与可,他喜爱花鸟鱼虫写生画,尤其擅长画竹子。他画的竹子栩栩如生,受到人们的赞赏,故有"墨竹大师"之称。

文与可为了画好竹子,不管是春夏秋冬,也不管是刮风下雨,他都常年不断地在竹林里头钻来钻去。三伏天气,日头像一团火,烤得地面发烫。可是文与可照样跑到竹林里对着太阳的那一面,站在烤人的阳光底下,全神贯注地观察竹子的变化。他一会儿用手指头量一量竹子的节有多长,一会儿又记一记竹叶子有多密。汗水湿透了他的衣衫,他满脸都流着汗,可是他连用手抹一下也没抹,就跟没事儿似的。

有一回,天空刮起了一阵狂风。接着,电闪雷鸣,眼看着一场暴雨就要来临。人们都纷纷往家跑,可就在这时候,坐在家里的文与可,急急忙忙抓过一顶草帽,往头上一扣,直往山上的竹林里奔去。他刚走出大门,大雨就跟用脸盆泼水似的下起来了。

文与可一心要看风雨当中的竹子,哪里还顾得上雨急路滑?他撩起衣服,爬上山坡,奔向竹林。他气喘吁吁地跑进竹林,没顾上抹一下流到脸上的雨水,就两眼一眨不眨地观察起竹子来了。只见竹子在风雨的吹打下,弯腰点头,摇来晃去。文与可细心地把竹子受风雨吹打的姿态记在心头。

由于文与可长年累月地对竹子做细微的观察和研究,竹子在春夏秋冬四季的形状有什么变化;在阴晴雨雪天,竹子的颜色、姿势又有什么不同;在强烈的阳光照耀下和在明净的月光映照下,竹子又有什么不同;不同的竹子,又有哪些不同的样子,他都摸得一清二楚。正因为如此,在他动笔勾画竹子之前,怎样构图、着墨,不必反复琢磨,因而总能一挥而就,画出各式各样的竹子。据说,他画竹子时常常振笔直挥,可同时握两枝不同深浅的墨笔,同时画两枝竹。每次画竹时,他都显得非常从容,画出的竹子,无不逼真传神。当人们夸奖他的画时,他总是谦虚地说:"我只是把心中琢磨成熟的竹子画下来罢了。"

有个名叫晁补之的人,称赞文与可说:文与可画竹,早已胸有成竹了。

纸上谈兵

赵括，战国时期赵国人，赵国名将马服君赵奢之子。赵括从小学习兵法，熟读兵书，所以谈论起用兵打仗的事，能引经据典，说得有条有理，所以他自认为天下没有人能够抵挡住他。赵括曾经跟他的父亲赵奢谈论过用兵打仗的事，赵奢也不能驳倒他，但是也并不说他好。赵括的母亲问赵奢其中的原因，赵奢说："打仗是要以命相搏的事，赵括却把它说得轻而易举。假使赵国不让赵括做将军，那倒是赵国的福气。如果一定要他担任将军，那么毁掉赵国军队的一定是赵括了。因为他从没上过战场，只会'纸上谈兵'，一旦真的领兵打仗，绝对会出问题！"

"知子莫若父"，赵奢对儿子的看法十分正确。秦昭王四十七年（前260年），秦昭王派大将王龁（hé）攻打上党，赵国大将廉颇奉赵王之命率兵前去救援。他采取固守政策，坚守长平，和秦军相持了四个多月，使秦军没能攻下长平。

眼看到手的韩国上党要归了赵国，秦昭王十分恼火。于是，秦昭王采用宰相范雎的离间计，派人到赵国去散布谣言说："秦军所惧怕的，只有赵括一个人。廉颇是个无能之辈，再过些日子，他就要投降了。"

赵王听信了谣言，便准备派赵括去代替廉颇领兵。一天，赵王招来赵括，问他："你能击败秦军，为国争光吗？"

赵括大言不惭地说："秦将白起，擅长用兵，要是碰上他，我还得考虑一下对付的办法，但是现在是王龁领兵，我一定把他打得落花流水。"

于是，赵括接掌了廉颇的兵权，并对赵军进行了一番整顿，之后与王龁交战。王龁作战不利，秦昭王听闻后，急忙改派武安君白起为主将。白起与赵括决战，结果白起大败赵括。赵军四十万人马被俘后全部被活埋，"纸上谈兵"的赵括也在突围时中箭身亡。

在这场战役当中，赵国的损失非常惨重，几乎耗尽了国家的主要力量，元气大伤。

成语接龙

CHENGYU JIELONG

兵微将寡	寡不敌众
众志成城	城北徐公
公私兼顾	顾后瞻前
前所未闻	闻鸡起舞
舞文弄墨	墨守成规
规行矩步	步步为营
营蝇斐锦	锦绣前程
程门立雪	雪案萤灯

成语释义

兵微将寡：微、寡：少。兵少将也不多。形容力量薄弱。

寡不敌众：寡：少。敌：抵挡。众：多。人少的抵挡不住人多的。

众志成城：比喻大家团结一致，就像坚固的城墙一样坚不可摧。

城北徐公：原指战国时期齐国姓徐的美男子。后作美男子的代称。

公私兼顾：既照顾到公家的利益，也照顾到私人的利益。

顾后瞻前：看着前面，又看着后面。形容做事之前考虑周到。也形容顾虑太多，犹豫不决。

前所未闻：从来没有听说过。

闻鸡起舞：听到鸡叫就起来舞剑。后比喻有志报国的人及时奋发。

舞文弄墨：原指曲引法律条文作弊，后常指玩弄文笔，写浮夸不实的文字。

墨守成规：指一个人思想保守，守着老规矩办事，不求改变。

规行矩步：指言行谨慎，合乎法度。也指墨守成规，不知变通。

步步为营：军队每向前推进一步就设下一道营垒。形容防守严密，行动谨慎。

营蝇斐锦：比喻坏人颠倒黑白，诽谤诬陷，构人于罪。

锦绣前程：像锦绣那样的前程。比喻容前途十分美好。

程门立雪：旧指学生恭敬受教。比喻尊敬老师，苦心求学。

雪案萤灯：映着雪光读书，聚萤火虫为灯。比喻贫穷苦读。

 故事链接

闻鸡起舞

祖逖和刘琨都是晋代著名的将领,两人在少年时期就是好朋友。

祖逖是个胸怀坦荡、具有远大抱负的人。可他小时候却是个不爱读书的淘气孩子。进入青年时代,他意识到自己知识的贫乏,深感不读书无以报效国家,于是就发奋读起书来。他广泛阅读书籍,认真学习历史,从中汲取了丰富的知识,学问大有长进。他曾几次进出京都洛阳,接触过他的人都说,祖逖是个能辅佐帝王治理国家的人才。祖逖24岁的时候,曾有人推荐他去做官,他没有答应,仍然不懈地努力读书。

祖逖和刘琨两人青年时一起在司州(今河南洛阳东北)任主簿。两人志同道合,意气相投,都希望为国家出力,干出一番事业。他们白天一起在衙门里供职,晚上合盖一床被子睡觉。

由于西晋朝廷内部的争权夺利导致国势衰竭,所以各少数民族首领乘机起兵作乱,国家安全受到了严重威胁。祖逖和刘琨对此都很焦虑。

一天凌晨,祖逖被远处传来的鸡叫声惊醒,他把刘琨唤醒,说:"你听到鸡叫了吗?"

刘琨侧耳细听了一会儿,说:"是啊,是鸡在啼叫。但半夜听见鸡叫不吉利。"

祖逖说:"我偏不这样想,咱们干脆以后听见鸡叫就起床练剑如何?"

刘琨欣然同意。

于是他们每天鸡叫后就起床练剑,剑光飞舞,剑声铿锵。冬去春来,寒来暑往,从不间断。功夫不负有心人,经过长期的刻苦学习和训练,他们终于成为能文能武的全才,既能写得一手好文章,又能带兵打胜仗。祖逖被封为镇西将军,实现了他报效国家的愿望;刘琨做了征北中郎将,兼管并、冀、幽三州的军事,也充分发挥了他的文才武略。后来,他们在收复北方失地过程中立下了汗马功劳。

成语接龙游戏

墨守成规

战国时期，列国纷争，战乱频仍，人民生活在水深火热之中。墨子是墨家学派的创始人，他主张兼爱、非攻，反对战争。

有一次，楚王想攻打宋国，命人找当时最有名的工匠公输班设计制造攻城的云梯。墨子知道这件事后，走了十天十夜才到达楚国的都城。他对楚王说："听说国君要攻打宋国，有这回事吗？"

楚王说："有。"

墨子说："一定要有占领宋国的把握才能去攻打。如果打不赢，反而会把事情搞坏。我认为你一定占领不了宋国。"

楚王当然不相信他的话。墨子说："那么，我制作守城的设备，请你叫公输班来攻，看他能不能攻进城，好不好？"

于是公输班用他制造的云梯，攻打墨子守御的城池，一连攻了九次，都被墨子打退。后来两人调换过来，公输班守城，墨子攻城。墨子一连攻了九次，城池被攻破了九次。

但是公输班并不认输，他说："我已经知道对付你的办法了，只是我不想说出来而已。"

墨子也说："我知道你会用什么方法来对付我，只是我不愿意说出来罢了。"

楚王故作不解地问墨子："先生理解公输班的意思吗？"

墨子正气凛然地说："我当然理解，那就是把我杀掉！他以为这样做宋国就没人守城了，楚国就可以一下子攻下宋国。不过，我早已经叫我的三百个学生运载着我的守城器械到宋国去了，他们正等着你们呢！你就是把我杀了，也改变不了你们失败的结果。"接着，墨子又严肃而高声地说，"你们到底打算怎么办？"

楚王叹了一口气，无奈地说："好吧，我取消攻打宋国的计划。"这时墨子才带着胜利的微笑，告别楚王而去。

成语接龙

CHENGYU JIELONG

灯红酒绿	绿惨红愁
愁肠九转	转危为安
安步当车	车水马龙
龙蛇飞动	动辄得咎
咎由自取	取法乎上，仅得其中
中原逐鹿	鹿死谁手
手疾眼快	快马加鞭
鞭辟入里	里通外国

成语释义

灯红酒绿：形容寻欢作乐的腐化生活，也形容都市或娱乐场所夜晚的繁华景象。

绿惨红愁：比喻哀愁伤怀。

愁肠九转：指重重忧愁萦绕心怀，久久不能释怀。

转危为安：由危险转为平安。（多指局势或病情）

安步当车：安：安详，不慌忙。安步：缓缓步行。慢慢地步行，就当是坐车。

车水马龙：车像流水，马像游龙，形容车马往来繁华的情景。

龙蛇飞动：形容书法气势奔放，笔力劲健。

动辄得咎：动不动就受到责备或处分。

咎由自取：灾祸或罪过是自己招来的。指自作自受。

取法乎上，仅得其中：以取上等的为准则，也只能得到中等的。指做事要高标准严要求。

中原逐鹿：鹿：指所要围捕的对象，常比喻帝位、政权。指群雄竞起，争夺天下。

鹿死谁手：以追逐野鹿比喻争夺天下，"不知鹿死谁手"表示不知道谁能获胜，现多用于比赛或竞争。

手疾眼快：疾：迅速。形容做事机灵敏捷。

快马加鞭：对快跑的马再打几鞭子，使它跑得更快，比喻快上加快。

鞭辟入里：形容能透彻说明问题，深中要害。

里通外国：暗中与外国勾结，进行背叛祖国的活动。

 故事链接

车水马龙

东汉名将马援的小女儿马氏被选进宫，很受皇帝的宠爱。光武帝去世后，她就被立为皇后。马氏当了皇后，生活还是非常简朴。马氏知书达理，一次，明帝故意把大臣的奏章给她看，并问她应如何处理，她看后当场提出中肯的意见，但她从不干预朝政。

明帝死后，马氏被尊为皇太后。不久，汉章帝打算对皇太后的亲戚封爵，马太后明确表示反对。第二年，一些大臣又上奏说，今年大旱，是去年未封外戚的缘故。大臣们再次要求分封马氏舅父。

马太后还是坚持己见，并且发了诏书。诏书上说："凡是提出要对外戚封爵的人，都是想献媚于我。天大旱跟封爵有什么关系？要记住前朝的教训，宠贵外戚会招来倾覆的大祸。先帝不让外戚担任重要的职务，防备的就是这个。"诏书上还说，"我身为太后，还是食不求甘，穿着简朴，为的是以身作则，给外戚们做个榜样。可是，他们不反躬自问，反而笑话我太俭省。前几天我路过娘家住地濯龙园，见从外面到舅舅家拜访、请安的车子像流水那样不停地驶去，马匹往来不绝，好像一条游龙，招摇得很。看看我们的车子，比他们差远了。他们只知道自己享乐，根本不为国家着想，我怎么能同意给他们加官晋爵呢？"

成语接龙

国破家亡	亡羊补牢
牢不可破	破涕为笑
笑里藏刀	刀山火海
海阔天空	空前绝后
后生可畏	畏缩不前
前车之鉴	鉴影度形
形单影只	只言片语
语不惊人	人以群分

国破家亡：国家覆灭，家人离散死亡。

亡羊补牢：羊丢失了才去补羊圈。比喻出问题后及时想办法补救，以免再受损失。

牢不可破：异常坚固，不可摧毁。也用于指人固执己见或保守旧习。

破涕为笑：涕：眼泪。止住眼泪，露出笑容。形容转悲为喜。

笑里藏刀：形容对人外表和气，而内心却阴险毒辣。

刀山火海：比喻极其危险和艰难的地方。

海阔天空：像大海一样辽阔，像天空一样无边。形容空间广阔。比喻言谈无边际，没有中心。

空前绝后：从前没有过，以后也不会再有。形容从古至今非常突出、独一无二。

后生可畏：后生：青年人，晚辈。畏：敬畏、佩服的意思。年轻的一辈可以超过老一辈，是令人敬畏的。

畏缩不前：畏惧退缩，不敢前进。

前车之鉴：前面车子翻倒的教训。比喻先前的失败，可以作为自己的鉴戒。

鉴影度形：观察、揣度人的形迹。

形单影只：只有自己的身体和自己的影子。形容孤独，没有同伴。

只言片语：个别的词句或片段的话语。

语不惊人：形容语句平淡，没有令人震惊的地方。

人以群分：人按照其品行、爱好而形成团体，因而能互相区别。指好人总跟好人结成朋友，坏人总跟坏人聚在一起。

成语接龙游戏

 故事链接

前车之鉴

贾谊是西汉时洛阳人,从小就有"神童"之称,十八岁时就已远近闻名了。汉文帝听说贾谊很有才华,就派人把贾谊请到京都担任博士。

有一次,贾谊上书给汉文帝,讲述治理国家的道理:"秦朝的时候,宦官赵高教导秦始皇的次子胡亥,他不教胡亥治国之道,只教他怎样去处决囚犯,所以胡亥所学习的,不是斩杀犯人,就是怎样灭族。秦始皇死后,胡亥当上了皇帝。他在继位的第二天就杀人,有人以忠言劝告他,他认为是诽谤。他杀起人来,简直就像割草一样。难道胡亥天生就是这样残暴的吗?不是的。这完全是教导他的人教得不合理才造成的恶果呀!俗语说:'不熟悉做官的,只要看看他所办的公事成绩如何,就可以知道了!'俗语又说:'前车之覆,后车之鉴;看到前面的车子倒下来,后面的车子就应停下来,不应该再往前走。'秦朝灭亡的前车之覆,应该作为我们的后车之鉴呀!"

成语接龙

分道扬镳　　彪炳千秋

秋毫无犯　　犯颜直谏

谏争如流　　流连忘返

返老还童　　童颜鹤发

发愤图强　　强词夺理

理屈词穷　　穷形尽相

相濡以沫　　莫名其妙

妙手回春　　春风得意

成语接龙游戏

分道扬镳：分路而行。比喻目标不同，各走各的路或各干各的事。

彪炳千秋：形容伟大的业绩流传千秋万代。

秋毫无犯：指军纪严明，丝毫不侵犯人民群众的利益。

犯颜直谏：敢于冒犯尊长或君主的威严而直言相劝。

谏争如流：直言相劝。劝谏的话如同流水一样，滔滔不绝。

流连忘返：比喻喜欢、迷醉某种事物而不愿忘记或离开。常形容对美好景致或事物的留恋。

返老还童：由衰老恢复青春。形容老年人充满了活力。

童颜鹤发：仙鹤羽毛似的雪白头发，孩子似的红润面色。形容老年人气色好。

发愤图强：决心奋斗，努力进取，谋求强盛。

强词夺理：指无理强辩，明明没理硬说成有理。

理屈词穷：理：道理，理由。屈：短，亏。穷：尽。由于理亏而无话可说。

穷形尽相：原指描写刻画细致生动，现在也用来指丑态毕露。

相濡以沫：泉水干了，鱼靠在一起用唾沫互相湿润。比喻一同在困难的处境里，用微薄的力量互相帮助。

莫名其妙：说不出其中的奥妙。指事情很奇怪，说不出道理来。

妙手回春：回春：使春天重返，比喻将垂危的病人治好。指医生医术高明。

春风得意：旧时形容考中进士后的兴奋心情。后形容职位升迁顺利或事业顺心时得意的样子。

 故事链接

强词夺理

高阳应是春秋战国时代宋国的一位大夫。他天生喜欢辩论,有理没理都要强辩一番。有时别人明明有理,但嘴上就是说不过他,因此只好认屈。

有一次,他要兴建一幢房屋,于是派人在自己的封邑内砍伐了一批木材。这批木材刚一运到宅基地,他就找来工匠,催促其即日动工建房。工匠一看,地上横七竖八堆放的木料还是些连枝杈也没有收拾干净的、带皮的树干。树皮脱落的地方,露出光泽、湿润的白皙木芯;树干的断口处,还散发着一阵阵树脂的清香。这种木料怎么能马上用来盖房呢?所以,工匠对高阳应说:"我们目前还不能开工。这些刚砍下来的木料含水太多、质地柔韧,抹泥承重以后容易变弯。初看起来,用这种木料盖的房子与用干木料盖的房子相比,差别不大,但是时间一长,用湿木料盖的房子容易倒塌。"

高阳应听了工匠说的话以后,冷冷一笑。他自作聪明地说:"依你所见,不就是存在一个湿木料承重以后容易弯曲的问题吗?然而你并没有想到湿木料干了会变硬,稀泥巴干了会变轻的道理。等房屋盖好以后,过不了多久,木料和泥土都会变干。那时的房屋是用变硬的木料支撑着变轻的泥土,怎么会倒塌呢?"

工匠们只是在实践中懂得用湿木料盖的房屋寿命不长,可是真要说出个详细的道理,他们也感到为难。因此,工匠只好遵照高阳应的吩咐去办。虽然在湿木料上拉锯用斧、下凿推刨很不方便,工匠还是克服种种困难,按尺寸、规格搭好了房屋的框架。抹上泥以后,一幢新屋就落成了。开始那段日子,高阳应对于很快就住上了新房颇感骄傲。他认为这是自己用心智折服工匠的结果。可是时间一长,高阳应的这幢新屋越来越往一边倾斜。他的高兴情绪也随之被忧心忡忡而取代。高阳应一家怕出事故,从这幢房屋搬了出去。没过多久,这幢房子就倒塌了。

故事中的高阳应,可谓强词夺理的典型。

成语接龙

意犹未尽　　尽力而为

为人师表　　表里如一

一字之师　　师出有名

名列前茅　　茅塞顿开

开宗明义　　义无反顾

顾名思义　　义正词严

严阵以待　　待价而沽

沽名钓誉　　誉满天下

意犹未尽：指还没有尽兴。

尽力而为：尽：全部用出。用全部的力量去做一件事。

为人师表：在人品、学问方面成为别人学习的榜样。

表里如一：表面和内心一致。形容言行和思想完全一致。

一字之师：借指能纠正一个错别字或指出某一字在文句中不妥当的老师。

师出有名：出兵必有正当的理由。后比喻做某事有充足的理由。

名列前茅：比喻名次列在前面。

茅塞顿开：原来心里像有茅草堵着，现在忽然打开了。形容思想忽然开窍，立刻明白了某个道理。

开宗明义：指说话、写文章一开始就讲明主要的意思。

义无反顾：在道义上只有勇往直前，绝对不能退缩回头。

顾名思义：从名称想到所包含的意义。

义正词严：道理正当公允，措辞严肃。

严阵以待：摆好严整的阵势，等待来犯的敌人。

待价而沽：等有好价钱才卖。比喻有好的待遇、条件才肯答应任职或做事。

沽名钓誉：沽：买。钓：用饵引鱼上钩，比喻骗取。用某种不正当的手段捞取名誉。

誉满天下：美好的名声天下皆知。

成语接龙游戏

 故事链接

一字之师

郑谷是晚唐著名诗人,他从小聪明好学,7岁即能写诗,长大后他写的诗更负盛名,被广为传诵。

郑谷考中进士,当过几年官。但因为他内心对诗文的向往,以及对当官缺乏兴趣,甚至产生了厌倦情绪,于是他辞官回到宜春(今江西宜春)去隐居。他在那里读书写诗,经常与一些文人墨客在一起饮酒作诗,互相唱和,名气也越来越大,过得逍遥自在。

在当时众多的诗人中,有一个叫齐己的和尚,他很喜欢写诗,写得也很好,可以称为诗僧了。某年冬天,他在大雪后的原野上,看到傲雪开放的梅花,诗兴大发,创作了一首《早梅》,咏诵在冬天早开的梅花。诗中有两句这样写道:"前村深雪里,昨夜数枝开。"写好后,他觉得非常满意。

过了几天,郑谷来串门。齐己和尚对他说:"我写了几首诗,你给我指点一下怎么样?"

郑谷一首一首仔细地看着齐己的诗文,当他读到《早梅》这首诗时,不由得沉思起来,他思考了半天说:"写得好,意境很好,情致也很高。但有一点,你写的是早梅,'前村深雪里,昨夜数枝开'。早梅就是早开的梅花,一般不会数枝开,数枝就是开了一片!我觉得应该把'数枝'改成'一枝'。'前村深雪里,昨夜一枝开',这就显示出这梅花是最早绽放的了。"

齐己听了,惊喜地叫道:"改得太好了!你真是我的一字之师啊!"说完,恭恭敬敬地向郑谷拜了一拜,并向郑谷表示由衷的感谢。因为郑谷只提出了一个字的修改意见,堪称老师,所以叫一字之师。

成语接龙

下不为例　　例行公事

事半功倍　　倍日并行

行云流水　　水滴石穿

穿壁引光　　光明正大

大材小用　　用心良苦

苦口婆心　　心花怒放

放浪形骸　　骇人听闻

闻一知十　　十年树木，百年树人

成语接龙游戏

下不为例： 下一次不能援例，表示只通融这一次。

例行公事： 按照惯例处理的公事，多借指只重视形式，不讲实效的工作。

事半功倍： 形容花费的气力小，收到的成效大。

倍日并行： 日夜赶路。

行云流水： 比喻自然不拘执（多指文章、歌唱）等。

水滴石穿： 比喻力量虽小，只要坚持不懈，事情就能成功。

穿壁引光： 凿通墙壁，引进烛光。形容家贫而读书刻苦。

光明正大： 形容襟怀坦白，行为正派。

大材小用： 大的材料用在小处。多指人事安排上不恰当，屈才。

用心良苦： 很费心思地反复思考。

苦口婆心： 劝说不辞烦劳，用心像老太太那样慈爱，形容怀着好心再三恳切劝告。

心花怒放： 形容内心高兴极了。

放浪形骸： 行为放纵，不受世俗礼法的束缚。

骇人听闻： 使人听了非常吃惊（多指社会上发生的坏事）。

闻一知十： 听到一点就能理解很多。形容人聪敏，善于类推。

十年树木，百年树人： 比喻培养人才是长久之计。也形容培养人才很不容易。

 故事链接

凿壁引光

西汉时著名文学家匡衡,小的时候家里很穷,但他一直千方百计地找机会学习。晚上,他家里点不起灯来供他读书,但勤奋好学的匡衡不想虚度晚上的时光。匡衡的邻居家里日子过得挺好,每天晚上都点起灯,把屋里照得通亮。匡衡想到邻居家里去读书,可是遭到了拒绝。后来,匡衡想出了一个好办法。他偷偷地在自家墙壁上凿了一个小洞,这样邻居家的亮光就透过来了。

后来,匡衡想读的书愈来愈多,可是他没钱去买书,怎么办呢?有一天,他发现县里有一个财主,他家藏书很丰富。匡衡就去他家做工,却分文不收。财主感到很奇怪,便问匡衡为什么。匡衡说:"我不想要工钱,只希望您能把家中的书都借给我读,我就心满意足了。"财主听了,被他那种勤奋好学的精神深深感动,答应了他的请求。

汉元帝时,匡衡受推荐被朝廷任命为郎中,后再升为博士、给事中。这一时期先后发生了日食和地震,汉元帝心中惶恐,怕是上天降下的灾殃警兆,就向大臣们咨询政治的得失。匡衡上奏,列举历史事实,说明天象只是一种大自然的变化,祸福全在于人的作为。他建议皇上亲近忠臣正人,选拔贤才来应对危机。汉元帝很赞赏匡衡的见识,提升他为光禄大夫、太子少傅。

汉元帝宠爱傅昭仪和她的儿子定陶王超过宠爱皇后和太子,匡衡对此提出了恳切的规劝。他透彻地剖析了"正家而天下定"的道理。匡衡在朝廷中参议大政,引经据典,阐明法理道义,很受赞赏,并由此升任为光禄勋、御史大夫,后来又升为丞相,被封为乐安侯。

人言可畏	畏首畏尾
尾大不掉	掉以轻心
心口如一	一毛不拔
拔苗助长	长歌当哭
哭天抹泪	泪如雨下
下笔千言	言不由衷
中流砥柱	柱石之坚
坚甲利刃	刃迎缕解

人言可畏： 言：指流言蜚语。在背后议论或诬蔑的话很可怕。

畏首畏尾： 畏：害怕，畏惧。怕这怕那，形容疑虑过多。

尾大不掉： 掉：摇动。比喻机构下强上弱，或组织庞大、溃散，以致指挥不灵。

掉以轻心： 表示对某种问题漫不经心，不当回事。

心口如一： 心里想的和嘴上说的一样，形容诚实直爽。

一毛不拔： 一根汗毛也不肯拔。原指杨朱的极端为我主义。后形容为人非常吝啬。

拔苗助长： 比喻违反事物的发展规律，急于求成，反而坏事。

长歌当哭： 以放声歌咏代替哭泣，多指用诗文抒发胸中的悲愤。

哭天抹泪： 哭哭啼啼的样子（多含厌恶之意）。

泪如雨下： 哭得眼泪像雨水似的直往下流。形容悲痛或害怕至极。

下笔千言： 一动笔就写成上千言的文章。形容文思敏捷，写作迅速。

言不由衷： 说的话不是从内心发出来的，指心口不一致。

中流砥柱： 比喻坚强的、能起支柱作用的人或力量。

柱石之坚： 像柱石一样坚硬。比喻大臣坚强可靠，能担负国家重任。

坚甲利刃： 坚固的铠甲，锐利的兵刃。形容精锐的部队。

刃迎缕解： 用刀一切，线就断开了。比喻顺利解决。

成语接龙游戏

 故事链接

拔苗助长

孟子,战国时期著名的思想家、教育家,儒家代表人物。孟子继承并发扬了孔子的思想,成为仅次于孔子的儒家一代宗师,有"亚圣"之称,与孔子合称为"孔孟"。

孟子曾仿效孔子,带领门徒周游各国,但不被当时各国所接受,于是他退隐起来与弟子一起著书。《孟子》一书由孟子和他的弟子及再传弟子共同编写而成,是孟子的言论汇编,其中包含了他跟弟子对话的记录,是儒家经典著作。其中,有一个故事很发人深省。故事是这样的:

宋国有一个农夫在自己家的田里种了禾苗。种下后,他老是担心自己田里的禾苗长不高,就天天到田边去看。

可是,一天、两天、三天……禾苗好像一点儿也没有长高。他在田边焦急地转来转去,并自言自语地说:"我得想办法帮助它们生长。"

一天,他终于想出了办法,急忙奔到田里,把禾苗一棵棵地向拔,从早上一直忙到太阳落山,忙得筋疲力尽。

回到家中,他还自鸣得意地把拔苗的事情讲给他儿子听,觉得功夫没有白费,一天之内,他就帮助禾苗长了一大截。可他儿子去田边一看,禾苗都枯死了。

孟子讲完这个故事后,接着跟他的学生们说:"做事要按照事情的规律来办,如果硬来,不尊重规律,强求速成,就会把事情弄糟。"

成语接龙

解弦更张	张冠李戴
戴罪立功	功成身退
退避三舍	舍己为人
人鼠之叹	叹为观止
止于至善	善人义士
士别三日	日新月异
异口同声	声罪致讨
讨价还价	价值连城

成语接龙游戏

解弦更张：改换、调整乐器上的弦，使声音和谐。比喻改革制度或变更计划、方法。

张冠李戴：把姓张的帽子戴到姓李的头上。比喻认错了对象或弄错了事实。

戴罪立功：带着罪过或错误去建立功劳，以功赎罪。

功成身退：指功业有成就之后，就自行隐退，不再复出。

退避三舍：舍：古时行军三十里为一舍。主动退让九十里。比喻主动退让和回避，避免冲突。

舍己为人：原指放弃自己的见解，去附和别人。现指舍弃自己的利益去帮助别人。

人鼠之叹：感叹人与人之间的地位悬殊。

叹为观止：叹：赞赏。观止：看到这里就够了，不必再看别的。指赞美所见到的事物好到了极点。

止于至善：止：达到。至：最，极。指达到极完美的境界。

善人义士：心地善良的人，有仁德道义的人。

士别三日：后常和"刮目相待"连用。指分别后，对方进步很快，再相见时，当另眼相看。

日新月异：每天都在更新，每月都有变化。指发展或进步迅速，不断出现新事物、新气象。

异口同声：不同的人嘴里说出相同的话。形容众人的意见或说法完全一致。

声罪致讨：声：宣布。讨：讨伐。宣布罪状，并且去讨伐。

讨价还价：买卖双方反复争议价格。也比喻在进行谈判时反复争议，或接受任务时讲条件。

价值连城：连城：连在一起的许多城池。形容物品十分贵重。

退避三舍

春秋时期，晋献公宠爱妃子骊姬。骊姬为了让自己的儿子继承王位，就逼死了太子申生，晋献公的另外两个儿子重耳和夷吾也被迫流亡到国外。

晋献公死后，晋国内乱，夷吾回国夺取了君位，就派人追杀重耳。不久，重耳逃到了楚国，楚成王非常欣赏重耳的才能，就热情地接待了他。

有一次，楚成王在宴席上开玩笑地对重耳说："公子以后要是回到晋国当上国君，将怎样报答我呢？"重耳说："要是托大王的福，有一天我能够回到晋国当上国君，我愿意和贵国发展友好关系。万一两国发生战争，交战的时候，我一定令晋国军队后退三舍。"

古时候行军，以三十里为一舍，三舍就是九十里。楚成王听完，哈哈一笑，也没怎么在意。

后来，夷吾死了，重耳果然回到晋国当上了国君，也就是历史上有名的晋文公。

他即位以后，整顿内政，发展生产，晋国渐渐强大起来。后来，晋楚之间真的发生了战争。交战的时候，晋文公果真兑现了自己的诺言，命令晋国军队后撤九十里。

晋国军队退到城濮，在这里与楚军展开大战，结果仍大败楚军。

成语接龙

城门失火,殃及池鱼

鱼死网破　　破釜沉舟

舟中敌国　　国无宁日

日以继夜　　夜郎自大

大智若愚　　愚公移山

山盟海誓　　誓不罢休

休戚相关　　关怀备至

至高无上　　上善若水

水底捞月

城门失火，殃及池鱼：用护城河的水救火，水用完了，鱼也死了。比喻无故受连累而遭到损失。

鱼死网破：鱼被网住后拼命挣扎，结果鱼也死了，网也破了。比喻两败俱伤，同归于尽。

破釜沉舟：把锅打破，把船沉没，不打胜仗决不活着回来。比喻不留退路，下决心不顾一切地干到底。

舟中敌国：同船的人都成了敌人。比喻众叛亲离。

国无宁日：宁：安宁。国家没有太平的时候。

日以继夜：白天连着夜晚。形容日夜不停，忙碌勤奋。

夜郎自大：比喻无知而又狂妄自大。

大智若愚：极有才智的人不露锋芒，看起来好像很愚笨。

愚公移山：比喻有十分坚强的毅力和不怕困难、知难而进的精神。

山盟海誓：盟：订立盟约。誓：发誓。指男女相爱时，指着山和海盟誓，表示要像山和海一样永恒不变。

誓不罢休：发誓不达目的绝不停止。

休戚相关：休：欢乐，吉庆。戚：悲哀，忧愁。忧喜、福祸彼此相关联。形容关系密切，利害相关。

关怀备至：关心得无微不至。

至高无上：至：最。高到顶点，再也没有更高的了。

上善若水：上善：最完美，这里指具有最完美道德的人。具有最完美道德的人跟水一样，造福于万物却不与万物相争。

水底捞月：比喻去做根本做不到的事情，只能白费力气。

成语接龙游戏

 故事链接

愚公移山

　　古时候在冀州以南、河阳以北有两座大山，一座叫太行山，一座叫王屋山。山北面住着一位叫愚公的老人，快90岁了。他每次到南面去很不方便。

　　他把全家人召集起来，说："我们一起搬掉太行山和王屋山，修一条通向南方的大道，你们说好吗？"大家都表示赞成，但愚公的老伴提出了疑问："我们大家的力量加起来，还不能搬移一座小山，又怎能把太行、王屋两座大山搬掉呢？再说，那些挖出来的泥土和石块放到哪里去呢？"讨论后，大家认为可以把挖出来的泥土和石块扔到渤海边和北方更远的地方。

　　第二天，愚公带着儿孙们开始挖山。虽然一家人每天挖不了多少，但他们还是坚持挖。

　　有个叫智叟的老人劝愚公："你这样做太不聪明了，凭你有限的精力，又怎能把这两座山挖平呢？"愚公回答说："你自以为聪明，实际上是思想顽固。即使我死了，还有我的儿子。儿子死了，还有孙子，孙子又生孩子，孩子又生儿子。子子孙孙、世世代代是没有穷尽的，而山却不会再增高，为什么挖不平呢？"

　　一天，山神见愚公他们挖山不止，便向天帝报告了这件事。天帝被愚公的精神感动了，派了两个大力神下凡，把两座山背走了。

月明如水　　水落石出

出生入死　　死灰复燃

燃眉之急　　急流勇退

退位让贤　　贤否不明

明镜高悬　　悬梁刺股

股肱之臣　　臣心如水

水涨船高　　高不可攀

攀龙附凤　　凤毛麟角

月明如水：月光皎洁柔和，如同闪光而缓缓流动的清水。形容月色美好。

水落石出：水落下去，水底的石头就露出来。比喻事情的真相完全显露出来。

出生入死：原意是从出生到死去。后形容冒着生命危险，不顾个人安危。

死灰复燃：熄灭的灰重新烧起来。指失势的人重新得势。也比喻消失了的事物又重新活跃起来。

燃眉之急：燃：烧。火烧眉毛那样紧急。形容事情非常急迫。

急流勇退：在急流中勇敢果断地退却。比喻仕途顺利或事业有成时及时引退，以保全自己。

退位让贤：从现在的位置上退下来，让更贤明的人来坐。

贤否不明：贤否：好坏。好和坏不能分辨。指不明是非好坏。

明镜高悬：比喻官员判案公正廉明。也比喻目光锐利，明察、洞识。

悬梁刺股：把头发悬挂在房梁上，用锥子刺大腿来防止睡着。形容刻苦学习。

股肱之臣：指辅佐帝王的重臣。比喻得力的助手与亲信。

臣心如水：臣子的心地洁净如水。形容为官清廉或为人清静自如。

水涨船高：比喻事物随着它所凭借的基础的提高而相应地提高。

高不可攀：攀：抓住高处向上爬。形容难以达到。也形容人高高在上，难以接近。

攀龙附凤：指巴结投靠有权势的人以获取富贵。

凤毛麟角：凤凰的羽毛，麒麟的角。比喻珍贵而稀少的人或物。

 故事链接

悬梁刺股

战国时期，有个著名的纵横家，名叫苏秦。他在出名之前读书非常刻苦。到了晚上，有时疲倦得想打瞌睡，他就用冷水冲头。到后来，冷水也不管用了，他就把锥子放在身边，一打瞌睡，就用锥子刺自己的大腿。鲜血流出来，他也痛醒了，就又继续读书。

经过几年的苦读，苏秦终于掌握了丰富的知识，兵法也更加精通了，对各国的政治、经济、军事等情况也了如指掌。于是，苏秦决定出去游说，终于成为一名大纵横家。

到了西汉时期，也出了一个像苏秦一样靠苦读成才的人物，他的名字叫孙敬。他如饥似渴地学习，夜以继日地刻苦读书，有时累了，一边读书，一边就打瞌睡。他想了很多方法来刺激自己，都不怎么有效果。到后来他找来一根绳子，把绳子的一头拴在房子的横梁上，另一头绑住自己的头发。这样，他只要一打瞌睡，头往下栽时，绳子就会拉住头发，非常疼，睡意马上就消失了，他又打起精神读书。功夫不负有心人，他后来终于成为一名知识非常丰富的大学问家。

"悬梁刺股"就是把头发悬吊在房梁上，用锥子刺大腿，形容学习刻苦到了极点。

成语接龙

角弓反张	张大其事
事倍功半	半推半就
就实论虚	虚怀若谷
古往今来	来日方长
长年累月	月白风清
清心寡欲	欲擒故纵
纵横交错	错综复杂
杂沓而至	至死不渝

角弓反张：比喻思想顽固不化，不可救药。

张大其事：张：夸张。把原来的事情故意夸大。形容言过其实。

事倍功半：指费力大，收效小。

半推半就：推：抵拒。就：迎上去。一面推辞一面靠拢上去。形容装腔作势、假意推辞的样子。

就实论虚：实：指具体工作。形容通过具体事情来看政治、方向、路线，还有人的立场和人生观。

虚怀若谷：虚：谦虚。谷：山谷。胸怀像山谷一样深广。形容十分谦虚，能容纳别人的意见。

古往今来：从古代到现在。泛指很长一段时间。

来日方长：来日：未来的日子。将来的日子还很长。表示将来大有可为或以后还有机会。

长年累月：长年：整年。累月：很多个月。形容经过了很多年月。

月白风清：月色皎洁，微风清凉。形容幽静美好的夜晚。

清心寡欲：保持心地清净，减少欲念。

欲擒故纵：擒：捉。纵：放。故意先放开他，使他放松戒备，充分暴露，然后再把他捉住。

纵横交错：横的竖的交叉在一起。形容许多事物相互交错或情况复杂。

错综复杂：形容头绪繁多，情况复杂。

杂沓而至：杂沓：纷杂繁多的样子。指从四面八方纷纷而来。

至死不渝：至：到。渝：改变。直到死都不会改变。

成语接龙游戏

 故事链接

欲擒故纵

欲擒故纵中的"擒"和"纵"是一对反义词。在军事上,"擒"是目的,"纵"是方法。古人有"穷寇莫追"的说法。实际上,不是不追,而是看怎样去追。把敌人逼急了,它就会集中全力,拼命反扑。不如暂时放松一步,使敌人丧失警惕,斗志松懈,然后再伺机而动,歼灭敌人。诸葛亮七擒孟获,就是军事史上一个"欲擒故纵"的绝妙战例。

蜀汉建兴三年,诸葛亮率军进攻南中,平定南方少数民族的叛乱,攻无不克,战无不胜。他听说他们的渠帅中有个叫孟获的人,少数民族和汉族的人民都佩服他、尊敬他,所以诸葛亮悬赏将士生擒孟获。

等到抓住孟获以后,诸葛亮让他观看蜀汉大军的兵营、战阵,问他说:"这样的军队怎么样?厉不厉害?"孟获回答说:"之前不知道您军队的虚实,所以打败了。现在我知道了您军队的实力不过如此,在我看来,是很容易战胜的。"

诸葛亮放了孟获,让他组织军队再战。如此这般,放了七次又活捉了七次,然而诸葛亮仍然放孟获回去再战。孟获不肯走了,说:"您真是天威啊!我们绝不再造反了。"就这样,南中平定了,并全部任用本地民族的将帅担任官吏。

成语接龙

逾规越**矩**	**矩**步方行
行不知往	**往**者不追
追名逐利	**利**令智昏
昏天暗地	**地**老天荒
荒诞不经	**经**久不息
息事宁人	**人**才辈出
出其不意	**意**气用事
事过境迁	**迁**怒于人

逾规越矩：指说话或处事超越规矩。

矩步方行：行走时步伐端方合度。指行为举止合乎礼仪规范。

行不知往：行：走。不知道走向何方。指行动不能自主，只能听任摆布。

往者不追：追：追回来。对于那些过去了的事和离开了的人，一概不去刻意追回来。

追名逐利：追：追求。追求名和利。

利令智昏：令：使。贪图私利而使头脑发昏，失去理智。

昏天暗地：形容天色昏暗。也比喻社会黑暗，混乱不堪。

地老天荒：指经历的时间极久。

荒诞不经：荒诞：荒唐离奇，极不真实。不经：不合正常的情理。形容荒唐离奇，不合情理。

经久不息：经：经过。息：停息。经过了很长时间也不停息。

息事宁人：原指不生是非，不骚扰百姓。后指调解纠纷，使事情平息下来，彼此相安。也指在纠纷中自行让步，减少麻烦。

人才辈出：辈出：一批一批地出现。形容有才能的人不断地大量涌现。

出其不意：其：代词，指对方。不意：没有料到。在对方没有料到的时候就采取行动。

意气用事：意气：主观偏激的情绪。用事：行事。指人缺乏理智，只凭一时的冲动和情绪办事。

事过境迁：境：境况。迁：改变。事情已经过去，环境也变了。

迁怒于人：把对一个人的怒气发到另一个人身上，或自己不如意时拿别人出气。

 故事链接

利令智昏

赵胜是战国时赵国人,他聪明过人,为赵国立下了许多功劳。起初,他的封地是平原县,因此被称为"平原君"。平原君有时不能识大体,常常被眼前的利益蒙住了双眼,致使赵国蒙受了重大的损失。

公元前262年,秦国派大将军白起率领人马攻打韩国。秦军先占领了韩国的野王(今河南沁阳),这里是韩国的上党同内地之间的重要通道。野王被占,上党受到孤立,上党的郡守冯亭说:"上党眼看就保不住了,我们与其投降秦国,不如投降赵国。赵国得到上党后,秦国肯定会进攻赵国。那时,赵国受到攻击,必然求韩国援助,赵国和韩国联合起来,就可以抵挡住秦国了。"

于是,冯亭派人带着上党的地图去见赵孝成王,要把上党献给他。这时,平阳君赵豹认为,无缘无故收下这块地方不好,最好不要接受。但平原君赵胜认为,不费吹灰之力就能得到这块地方,没有什么不好,应该接受。最后,赵孝成王便派平原君把上党这块地方接收了过来,并封冯亭为"华阳君"。

赵国接收上党地区后,立即激起了秦国的愤怒,秦国便派白起率领军队攻打赵国。赵国的四十万大军被围困在长平,最后全军覆没。

成语接龙

人迹罕至	至理名言
言必信，行必果	果不其然
然然可可	可歌可泣
泣不成声	声泪俱下
下里巴人	人多势众
众口铄金	金屋藏娇
娇生惯养	养精蓄锐
锐不可当	当务之急

成语释义

人迹罕至：人的足迹很少到达。指荒凉偏僻，很少有人去。

至理名言：至：最。名：著名。指包含有最正确的道理的著名言论。

言必信，行必果：信：守信用。果：果断，坚决。说话一定守信用，做事一定果断办到。

果不其然：果然如此。指事物的发展变化跟预料的一样。

然然可可：然然：是的。可可：表示准许。对什么都点头称是。比喻处世的态度唯唯诺诺。

可歌可泣：泣：流泪。值得歌颂、赞美，使人感动得流泪。形容英勇悲壮，感人至深。

泣不成声：哭得直到哭不出声音。形容非常伤心。

声泪俱下：一边说一边哭。形容极其悲恸。

下里巴人：原指战国时期楚国民间流行的一种歌曲。比喻通俗的文学艺术作品。

人多势众：人多了，声势就大。

众口铄金：铄：熔化。形容舆论力量大，连金属都能熔化。也比喻人多嘴杂，足可以混淆是非。

金屋藏娇：本指汉武帝喜爱阿娇，并欲以金屋藏之。后泛指对妻妾特别宠爱。也指男人有外宠或纳妾。

娇生惯养：娇：爱怜过甚。惯：纵容，放任。从小就被溺爱、娇养，在宠爱中长大。

养精蓄锐：养：保养。精：精神。蓄：积蓄。锐：锐气。保养精神，蓄积力量。

锐不可当：锐：锐气。当：抵挡。形容勇往直前的气势不可抵挡。

当务之急：当前事务中最急切要办的事。

 故事链接

金屋藏娇

长公主刘嫖有一个女儿，名叫阿娇。阿娇长得活泼可爱，亲友们都非常喜欢她。

那时，刘彻（后来的汉武帝）也才几岁，长公主很喜欢这个聪明的侄子，便逗他说："你要不要媳妇？"

说着，指着身边侍立的一个女子："要她做你的妻子，好吗？"

刘彻说："不要。"长公主身边的人有一大堆，公主一个个指过去问刘彻，刘彻把头摇得跟拨浪鼓似的，都说不要。

最后，公主指着阿娇问要不要，刘彻马上笑着说："如果能娶到阿娇做媳妇，我就造金屋给她住。"

长公主非常高兴，经过数次请求景帝，终于定下了这门亲事。

成语接龙

CHENGYU JIELONG

急中生智	智勇双全
全力以赴	赴汤蹈火
火上浇油	油尽灯枯
枯木逢春	春风化雨
雨过天青	青出于蓝
蓝田生玉	玉树临风
风声鹤唳	厉兵秣马
马齿徒增	增砖添瓦

成语接龙游戏

急中生智：智：智谋，对策。紧急的时候，猛然想出了好办法、好主意。

智勇双全：足智多谋、勇敢善战，智与勇二者兼备。

全力以赴：赴：前往。把全部力量都投入进去。

赴汤蹈火：赴：去，走向。汤：开水。蹈：踩。沸水敢蹚，烈火敢踏。比喻不避艰险，奋勇向前。

火上浇油：往火上倒油，比喻使人更加愤怒或使情况更加严重，助长事态的发展。

油尽灯枯：灯油熬干了，灯也灭了。比喻生命衰竭直至死亡。

枯木逢春：枯萎的树木到了春天，又有了活力。比喻在困境中重新获得生机。

春风化雨：指适宜于草木生长的和风与时雨。比喻良好的教育和适宜的环境。

雨过天青：雨后天色青碧。比喻情况由坏变好。也比喻政治上由黑暗到光明。

青出于蓝：青是从蓝草里提炼出来的，但颜色比蓝更深。比喻学生超过老师或后人胜过前人。

蓝田生玉：蓝田：地名，在陕西，盛产美玉。比喻贤良的父母教育出优秀的子女或名师出高徒。

玉树临风：形容年轻男子风度潇洒，秀美多姿。

风声鹤唳：唳：鹤叫声，也泛指鸟鸣。形容惊慌疑惧，自相惊扰。

厉兵秣马：磨好兵器，喂饱马。形容为作斗做准备。

马齿徒增：马的牙齿有多少，就可以知道它的年龄有多大。比喻自己年岁白白地增加了，学业或事业却没有什么成就。

增砖添瓦：犹添砖加瓦。比喻为某项事业做一些工作，尽一点力。

厉兵秣马

秦穆公是春秋五霸之一，当时他为了当上霸主，不择手段。他想攻打郑国，为了摸清郑国的虚实，就派将军杞子到郑国去帮助郑国设防。

不久，杞子派人回来报告秦穆公，说他掌握了郑国都城北门的钥匙，如果穆公暗中发兵来偷袭郑国，他可以打开北门作为内应。秦穆公听了，非常高兴，立即派孟明视等三位将军率领五万大军前去偷袭郑国。

秦军经过长途跋涉，在离郑国不远的地方碰到了一个贩牛的商人。这个商人名叫弦高，是郑国人。他估计秦军是去袭击郑国的，焦急万分，最后灵机一动，一面派人赶回郑国去报告，一面挑了四张牛皮和十二头肥牛，送给秦军做犒劳品。

弦高见到孟明视，对孟明视说："我们国君听说你们带兵到我们郑国去，特意派我送来这些东西慰劳你们，表示一点心意。"

孟明视见弦高送来犒劳品，又说了那样的话，就以为郑国真的已经知道秦军来偷袭的事，肯定做好了准备，就取消了攻打郑国的念头，改道攻打滑国去了。

郑国这边接到弦高派人送来的情报，马上派人去察看秦国将领杞子的动静，发现他们果然已经收拾好了行装，磨好了兵器，喂饱了马，做好了战斗的准备。

郑穆公于是就派人去暗示杞子，说郑国已经知道秦国要进攻郑国。杞子见机密已经泄露，赶紧带着他的人马逃走了。

后来，秦军在灭掉滑国回秦国的途中，遭到了晋国军队的袭击，全军覆没，孟明视等三位将领也被俘获。秦穆公攻打郑国的阴谋诡计没有得逞，反倒全军覆没，为人所耻笑。

成语接龙

瓦釜雷鸣 — 鸣冤叫屈

屈身辱志 — 志同道合

合情合理 — 理直气壮

壮志凌云 — 云集响应

应运而生 — 生死存亡

亡命之徒 — 徒劳无功

功成名就 — 就地正法

法不责众 — 众目所归

瓦釜雷鸣： 瓦釜：陶制炊具，比喻庸才。声音低沉的瓦釜发出雷鸣般的响声。比喻无德无才的人占据高位，威风一时。

鸣冤叫屈： 指申诉冤屈。

屈身辱志： 形容精神和肉体都受到损害。

志同道合： 志：兴趣。同：相同，一样。合：一致。兴趣相同，意见一致。

合情合理： 符合情理。

理直气壮： 理由正当充分，胆子就壮，说话就有气势。

壮志凌云： 壮志：宏大的志愿。凌云：直上云霄。形容理想宏伟远大。

云集响应： 形容响应支持的人很多。像云一样聚合在一起，像回声一样回应。

应运而生： 本指应天命而产生。现指适应时机而产生。

生死存亡： 生存或者死亡。形容局势或斗争的发展已到重要关头。

亡命之徒： 指逃亡的人。也指冒险犯法、不顾性命的人。

徒劳无功： 指白费力气，没有一点成效。

功成名就： 功：功业。就：达到。功绩取得了，名声也有了。

就地正法： 正法：执行死刑。在罪犯被捕获或定罪的地方执行死刑。

法不责众： 指某种行为即使应受到法律的惩罚，但很多人都那样干，也就不好用法律来惩罚了。

众目所归： 众人的目光集中之处。指一致看好。

成语接龙游戏

 故事链接

志同道合

曹操在六十六岁这年，因旧病复发，死在洛阳。曹操死后，世子曹丕继位做了魏王和丞相，全揽朝廷大权。曹丕称帝以后，有人告发他的弟弟——临淄侯曹植经常喝酒骂人，还把他派去的使者扣押起来。曹丕立即派人赶到临淄，把曹植逮住押回邺城审问。原来，曹丕和曹植都是曹操的妻子卞夫人所生。曹操不但是个政治家、军事家，还是个文学家，曹丕、曹植兄弟俩也擅长诗文，文学史上把他们父子合称为"三曹"。曹植从小聪明非凡，十几岁的时候，就读了不少书，能写很出色的文章。曹操觉得曹植才华出众，对他非常宠爱，多次想把他封为世子，只因有些大臣反对，才决定不下来。曹丕怕自己地位不稳，想方设法讨曹操喜欢。再加上左右侍从中替曹丕说好话的人不少，曹操宠爱曹植的心才渐渐变了。

曹丕称帝以后，仍然嫉恨曹植。这一回，就抓住机会把曹植抓起来，要处曹植死刑，他母亲卞太后知道了，连忙在曹丕面前替曹植求情，要他看在同胞兄弟分上，宽恕曹植。曹丕把曹植召来以后，为了惩罚他，要他在走完七步的时间里写出一首诗。假如写得出，就免他一死。曹植略略思考了一下，就迈开步子，走一步，念一句，随口就念出了一首诗："煮豆燃豆萁，豆在釜中泣。本是同根生，相煎何太急？"曹丕心里有愧，只好放曹植回去。

曹植苦于无用武之地，他上书说伊尹是陪嫁的小臣，吕尚当屠夫钓叟，他们遇到了志同道合的商汤和周文王，才施展抱负，成就大业。

成语接龙

归心似箭	箭不虚发
发号施令	令人发指
指手画脚	脚踏实地
地利人和	和睦相处
处变不惊	惊弓之鸟
鸟语花香	香草美人
人小鬼大	大同小异
异想天开	开诚布公

成语接龙游戏

归心似箭：想回家的心情像射出的箭一样急。形容回家心切。

箭不虚发：虚：空。形容箭术高超，百发百中。也比喻做事有针对性，定能达到目的。

发号施令：发布命令。也用来形容指挥别人。

令人发指：使人头发都竖起来了。形容令人极度愤怒。

指手画脚：形容轻率地指点、批评。也可形容放肆、激动或得意的神态。

脚踏实地：比喻做事踏实、实事求是，不虚浮。

地利人和：地利：地理上的有利形势。人和：得人心。

和睦相处：睦：和好。彼此和好地相处。

处变不惊：面对变乱，能镇定自若，不惊慌。

惊弓之鸟：指受过箭伤，一听到弓弦之声就惊恐的鸟。比喻心有余悸，遇到动静就慌乱不安的人。

鸟语花香：鸟叫得好听，花开得喷香。形容春天的美好景象。

香草美人：旧时诗文中用以比喻贤人君子。

人小鬼大：形容人年纪虽小而头脑却很精明，为人调皮，鬼主意多。

大同小异：异：差异。大体相同，略有差异。

异想天开：异：奇异。天开：天门大开。指想法很不切实际，非常奇怪。

开诚布公：指以诚心待人，坦白无私。

故事链接

开诚布公

"开诚布公"这个成语,讲的是三国时蜀国的丞相诸葛亮诚恳、坦白、无私地对待君主和下属的故事。

诸葛亮是一位出色的军事家,他不仅神机妙算,还是一位忠心耿耿的臣子,因而得到皇帝刘备的信任和重用。刘备在临终前,曾将自己的儿子刘禅托付给诸葛亮,让他帮助刘禅治理天下。刘禅乳名阿斗,为人软弱无能。刘备非常了解自己的儿子,所以他临终前诚恳地对诸葛亮说:"如果阿斗不好好听你的话,做出危害国家的事,你就代替他,自己做皇帝。"诸葛亮闻言热泪纵横,内心深受感动,他一再表示要好好地效忠少主刘禅。

刘备死后,诸葛亮竭尽全力帮助刘禅治理国家。无奈后主阿斗实在是一位扶不起来的皇帝,导致国家内忧外患。这时,有人劝诸葛亮自封为王,但他严厉地拒绝了。他对身边的人说:"我已经接受先帝的委托,担任了这么高的官职。如今讨伐曹魏又没什么成效,你们却要我加官晋爵,这是不忠不义的事情啊!"

诸葛亮不但对阿斗忠心耿耿,而且对待下属也是公正合理,不徇私情。马谡是他非常器重的一位将军,在攻打曹魏时任前锋。但此人因为大意轻敌,使得街亭这个地方失守了。这一场败仗给蜀军的打击非常大。因为此前马谡已经立下军令状,诸葛亮只好忍痛挥泪杀了马谡。出乎意料的是,马谡不但不痛恨诸葛亮,还在临刑前上书给诸葛亮,说自己虽然死去,但在九泉之下不会有怨恨。诸葛亮自己也为失守街亭主动承担责任,请求后主批准他由丞相降为右将军。

诸葛亮不但对待下属公正合理,不徇私情,还善于自我批评。他还特地下令,要下属坦率地指出他的缺点和错误,这种情形在当时是十分罕见的。

公元234年,诸葛亮病死军中,诸葛亮死后不久,蜀国就被魏国占领了。

后人在写史书时,就用"开诚心,布公道"来形容这位贤臣。成语"开诚布公"即由此演变而来。

成语接龙

公正廉**明**   **明**日黄花

花言巧**语**   **语**重心长

长久之**计**   **计**上心头

头头是**道**   **道**尽途穷

穷途末**路**   **路**不拾遗

遗臭万**年**   **年**幼无知

知人善**任**   **任**劳任怨

怨天尤**人**   **人**浮于事

成语释义

公正廉明： 公平正直，廉洁严明。

明日黄花： 原指重阳节过后逐渐萎谢的菊花。表示迟暮之感。后多比喻过时的事物或消息。

花言巧语： 原指铺张修饰、内容空泛的言语或文辞。后多指用来骗人的虚伪动听的话。

语重心长： 言辞深刻有力，心意深长。

长久之计： 计：计划，策略。长远的打算。

计上心头： 心里突然有了计策。指很快想出了办法。

头头是道： 本为佛家语，指道无所不在。后多形容说话做事很有条理。

道尽途穷： 道、途：路。走到路的尽头。形容无路可走，面临末日。

穷途末路： 形容到了无路可走的地步。

路不拾遗： 遗：失物。路上有失物，无人拾取。形容社会风气淳朴良好。

遗臭万年： 遗臭：死后留下的恶名。死后恶名一直流传，永远被人唾骂。

年幼无知： 年纪小，缺乏知识，不懂事。

知人善任： 知：了解，知道。任：任用，使用。指了解并善于任用部属，发挥其长处。

任劳任怨： 任：承受，担当。比喻做事不辞劳苦，不怕别人埋怨。

怨天尤人： 尤：怨恨，归咎。指遇到挫折或出了问题，一味地抱怨上天，责怪别人。

人浮于事： 浮：超过。原指人的职位高过所得俸禄的等级。后指工作中人员过多，超过工作所需。

成语接龙游戏

 故事链接

路不拾遗

战国初期，秦国的井田制瓦解、土地私有制产生和赋税改革，都晚于其余六国，社会经济的发展落后于齐、楚、燕、赵、魏、韩六个大国。为了增强秦国实力，在诸侯国的争霸中处于有利地位和不被别国吞并，秦孝公决定引进人才，变法图强。

秦孝公任用商鞅为重臣，听从他的建议，制定新法，废除维护贵族特权的旧法，实行改革。这就是历史上著名的"商鞅变法"。商鞅坚决主张法律面前人人平等。不管是什么人，只要对国家有贡献，就应该予以奖励。他废除贵族世袭制度，按军功的大小分封不同的爵位等级。他鼓励耕织，发展农业生产，兴修水利，规定生产多的人可以免除徭役。由于商鞅积极推行变法，秦国的老百姓生产积极性提高了，军队纪律严明，士兵们也都愿意去打仗了。老百姓的生活逐渐富裕，社会秩序安定，民风也变得淳朴起来。路不拾遗，夜不闭户，意思就是说人们晚上睡觉都不用关门，在路上丢了东西也不用担心被别人捡走。秦国因此一天天强大起来，各诸侯国都开始畏惧它的国力了。

遗臭万年

东晋时期，身为大司马的桓温专揽朝政。桓温是晋明帝的驸马，因领兵灭亡成汉而声名大盛，又曾三次领导北伐，掌握朝政并操纵废立。桓温自负才能过人，又心怀异志，因此发动北伐，希望先建立功勋，然后回朝受九锡以图篡位。但因第三次北伐失败，声名和实力大减，同时受制于朝中王谢的势力而图谋不成。

孝武帝即位后，桓温患病，返回姑孰。同年三月，桓温上表求九锡之礼。谢安见桓温病重，以袁宏所作锡文不好为由命其修改，借此拖延。一天桓温卧在床上，对亲信感叹道，"为尔寂寂，将为文、景所笑。"意思是说如果甘于现状的话，将来到死后肯定要被从曹魏手里夺得天下的司马昭、司马师两人笑话。接着又说："既不能流芳百世，不足复遗臭万载邪！"

成语接龙

事无巨细　　细水长流

流言蜚语　　语惊四座

座无虚席　　席地而坐

坐井观天　　天经地义

义薄云天　　天下为公

公而忘私　　私心杂念

念念不忘　　忘其所以

以一当十　　十死一生

成语释义

事无巨细：事情不分大小。指大大小小的各类事情。

细水长流：比喻节约使用财物，使长期不缺用。也比喻一点一滴不间断地做某件事。

流言蜚语：毫无根据的话。指背后散布的造谣中伤、挑拨离间的话。

语惊四座：形容发言独特、新奇，使人震惊。

座无虚席：虚：空。座位没有空着的。形容出席的人很多。

席地而坐：古指坐在铺有席子的地上。后泛指坐在地上。

坐井观天：坐在井里看天。用来比喻和讽刺眼界狭窄，学识肤浅，见识不广。

天经地义：经：规范，原则。义：正理。指绝对正确，不能改变的道理。也指理所当然的事。

义薄云天：正义之气直上高空。形容人很重义气。

天下为公：原意是天下是公众的，国家政权不为某一家私有。后成为一种美好社会的政治理想。

公而忘私：为了公事而不考虑私事，为了集体利益而不考虑个人得失。

私心杂念：指为个人或小集团利益打算的种种念头。

念念不忘：念念：时刻思念着。形容牢记于心，时刻不忘。

忘其所以：指因过度兴奋或得意而忘了应有的举止。

以一当十：当：相当。一个人可以抵上十个人。形容军队英勇善战。

十死一生：形容经历极大的危险而死里逃生。

 故事链接

以一当十

秦朝末年，秦王派大将章邯率领秦兵渡过黄河往北进攻赵地，大败赵军。当时赵歇为王，陈余担任大将，张耳担任国相，他们都逃进巨鹿城。章邯命令部下包围了巨鹿，军队驻扎在巨鹿南边。陈余率领几万士兵驻扎在巨鹿北边。

楚怀王闻讯，赶紧派主帅宋义、副帅项羽、末将范增率领20万人马浩浩荡荡向巨鹿出发，前去救援。

大军来到安阳（今山东曹安），探子来报，秦军兵力强大。宋义不由心生畏惧，不敢前进。就这样部队滞留了多日，项羽为此焦急不安，极力劝谏宋义立即出兵。但宋义不听，以各种理由来推诿。项羽不禁大怒，挥刀杀死宋义父子，急遣两万兵马渡漳河为巨鹿解围。前来援救巨鹿城的诸侯各军筑有十几座营垒，没有一个敢发兵出战。等到楚军攻击秦军时，他们只在营垒中观战，导致楚兵连连失利，损失惨重。项羽只得率领全体士卒渡过漳河以挽回败局。他明白，想要置之死地而后生，就必须断绝一切后路。面对全体将士，项羽深情地看了几眼后，严肃而果断地说："现在，我们要凿破所有的船只，把它们沉入水中；敲破所有的饭锅和瓦罐，只保留三天的粮食；烧掉所有的帐篷。此战我们要么全胜而归，要么死路一条！"

楚军到了以后，立即把秦军包围起来。双方展开激烈的搏斗，厮杀声震天。项羽挥戈跃马，带头冲入敌阵，一刀将秦将苏角砍成两截。楚军的将士，每一个人都勇猛向前，以一当十，拼命死战，杀得秦兵血流成河，尸积如山。巨鹿之战，项羽消灭了秦军主力。各路军队都表示愿意服从其指挥。自此，项羽名震天下，成了统率各路军队的首领。

"以一当十"和"破釜沉舟"这两个成语都是出自这个故事。

成语接龙

生死之交	交头接耳
耳闻目睹	睹物思人
人之常情	情有独钟
钟鸣鼎食	食不果腹
腹背之患	患难之交
交浅言深	深居简出
出奇制胜	胜利在望
望穿秋水	水深火热

生死之交： 指同生共死的友谊或有着同生共死交情的朋友。

交头接耳： 交头：头靠着头。接耳：嘴凑近耳朵。形容两个人凑近低声交谈。

耳闻目睹： 闻：听见。睹：看见。亲耳听到，亲眼看见。

睹物思人： 睹：看。思：思念。看见离去的人留下的东西就想起了这个人。

人之常情： 一般人通常情况下都会有的心情或想法。

情有独钟： 指对某人或某件事特别关注、喜爱，把自己的心思和感情都集中到他（她、它）上面。

钟鸣鼎食： 钟：古代乐器。鼎：古代炊器。击钟列鼎而食。形容贵族的豪华排场。

食不果腹： 果：充实，饱。指吃不饱肚子。形容生活贫困。

腹背之患： 腹：指前面。背：指后面。指前后都有祸患。

患难之交： 交：朋友。在一起经历过艰难困苦而有深厚交情的朋友。

交浅言深： 交：交情。跟交情浅的人进行深谈。

深居简出： 简：少。原指野兽藏在深密的地方，很少出现。后指常待在家里，很少出门。

出奇制胜： 奇：奇兵，奇计。制：制服。出奇兵战胜敌人。比喻用对方意料不到的方法取得胜利。

胜利在望： 在望：盼望的事就在眼前。指胜利即将到来。也指事情马上就要成功。

望穿秋水： 眼睛都望穿了。形容盼望殷切。

水深火热： 像沉入水里，越来越深，像置身火中，越来越热。比喻人民生活极端艰难痛苦。

成语接龙游戏

 故事链接

水深火热

战国时,诸侯各国连年混战,他们都想乘机扩大自己的领土。那一年,由于燕国发生了内战,于是,齐国乘虚而入,他们的国君齐宣王派大将匡章率兵十万攻打燕国。由于燕国百姓对内战不满,不愿出力抵抗齐军,甚至有些燕国境内的百姓反而给齐军送饭递水表示欢迎。在这种情况下,齐国大将匡章只用了50天,就攻下了燕国国都。但匡章获胜后治军不严,他手下的士兵打劫百姓的现象时有发生,于是燕国百姓纷纷起来反抗齐军。

这时,齐宣王不去责罚治军不严的匡章,而是怀抱着侥幸的心理,向正在齐国游说诸侯施行仁政的孟子请教:"有人劝我放弃燕国,有人劝我把它拿下,我到底该怎么办?"孟子听后,回答说:"如果齐国吞并燕国,燕国的百姓反而很高兴,那就吞并它。古人有此先例,周武王便是这么做的。"

孟子这话是指周武王讨伐商纣的做法。当时,商纣王因为施行残暴的统治,激起了百姓的不满。周武王顺应了当时百姓的心愿,伐纣成功,救民于水火之中,灭商而建立西周王朝。

可惜,齐宣王听见这种说法,就像听个热闹一样,并没有深想。

孟子接着又说:"如果齐国吞并燕国,当地百姓并不高兴,那就不要吞并它。古人也有先例,周文王便是这么做的。"

孟子这话是指周武王的父亲周文王的做法。当时虽然周文王已三分天下,占有其二了,但他认为商王朝还没有丧尽人心,仍然侍奉商朝,不急于灭掉它。

这时,齐宣王觉得自己国家的情况有所不同,认为孟子的言论像写文章一样,华而不实,没啥指导意义,感到非常失望。

孟子却浑然未觉,依然沉浸在自己的论说里面,他开始联系齐国的实际,侃侃而谈:"当初齐军攻入燕国,燕国百姓端茶送饭表示欢迎,那是因为燕国百姓想摆脱连年内战的苦日子;而今如果齐国进而吞并燕国,给燕国百姓带来亡国灾难,使他们陷入水深火热之中,那他们必然盼望走出困境!"

这下,齐宣王总算是听懂了孟子的建议。但可惜,齐宣王并没有听从孟子的劝说,因为他自己的贪心很大,这并不是孟子的一番言论就能改变的。齐宣王还是固执己见,坚持攻打燕国,却遭到了周边国家的一致抵抗,最后无功而返。

成语接龙

热火朝天　　天壤之别

别有用心　　心旷神怡

怡然自得　　得不偿失

失声痛哭　　哭天喊地

地大物博　　博大精深

深恶痛绝　　绝处逢生

生死相依　　依然如故

故弄玄虚　　虚张声势

热火朝天：形容情绪热烈，气氛高涨，就像炽热的火焰朝天燃烧一样。

天壤之别：壤：地。天和地，一级在上，一级在下。比喻差别极大。

别有用心：用心：居心，打算。心中另有算计。指言论或行动另有不可告人的企图。

心旷神怡：旷：开阔。怡：愉快。心境开阔，精神愉快。

怡然自得：怡然：安适愉快的样子。形容高兴而满足的样子。

得不偿失：偿：抵得上。所得的利益抵偿不了所受的损失。

失声痛哭：因悲痛过度而纵声大哭。

哭天喊地：向天大哭，朝地大喊。形容极其悲伤地痛苦。

地大物博：博：丰富。指国家疆土辽阔，资源丰富。

博大精深：博：广，多。形容思想和学识广博高深。

深恶痛绝：恶：厌恶。痛：痛恨。绝：极。指对某人或某事物极端厌恶痛恨。

绝处逢生：绝处：无出路的境地。形容在走投无路、身陷绝境的情况下又有了生路。

生死相依：在生死问题上互相依靠。形容同命运，共存亡。

依然如故：依然：仍旧。故：过去，从前。指没有什么变化，还是从前的老样子。

故弄玄虚：故：故意。弄：玩弄。玄虚：用来掩盖真相，使人迷惑的欺骗手段。故意玩弄花招，让人捉摸不透。

虚张声势：张：铺张，夸大。凭空制造出强大的气势。指假造声势，借以吓人。

故事链接

得不偿失

陆逊从21岁步入吴国政坛后，先后多次领兵击败不服从孙吴号令的山越部众。夷陵大战前，陆逊已任宜都太守、抚边将军，战后加封荆州牧、辅国将军。228年，陆逊又领兵打败来犯的魏国大司马曹休。次年，陆逊被拜为上大将军，这是吴国的最高军职。244年，陆逊又兼任丞相一职。丞相是吴国的最高文职，他不但在吴国上下享有极高的威望，就是魏、蜀两国也很忌惮陆逊。陆逊达到了他个人事业的巅峰，这些都令孙权感觉受到了潜在的威胁。这就是所谓的"功高震主"。所以，尽管陆逊对吴国、对孙权一直忠心耿耿，从无二心，而且深自韬晦。但"功高震主"历来是中国历史上每一位封建君主的心病，孙权也不例外。从此以后，陆逊的仕途便走上了下坡路，他失去了孙权的信任。

三国时期，东吴孙权占据江东六郡，他想扩大自己的势力范围，就召集群臣商议攻打夷州和琼崖有关事宜。大臣们均赞同出兵，只有右都护陆逊不赞同。他认为当前的东吴应该休养生息增强实力，以避免不必要的损失。而由于"功高震主"的心病捣鬼，孙权并没采纳陆逊的意见就出兵了，虽然最终取得了胜利，但整体上得不偿失。

成语接龙

势不两立	立身处世
世外桃源	源远流长
长治久安	安之若素
素昧平生	生杀予夺
夺门而出	出人意料
料事如神	神气十足
足不出户	户限为穿
穿凿附会	会心一笑

成语释义

势不两立：两立：双方并立。指敌对的双方不能同时存在。比喻矛盾不可调和。

立身处世：立身：做人。处世：做人和与人相处的种种活动。

世外桃源：原指与现实社会隔绝、生活安乐的理想境界。后也指环境幽静、生活安逸的地方。借指一种空想的脱离现实的美好世界。

源远流长：形容事物根源深远，历史悠久。

长治久安：治：太平。安：安定。形容国家长期安定、巩固。

安之若素：指遇到异常情况或遭受挫折时能泰然处之，跟平常一样。

素昧平生：昧：不了解。平生：平素，往常。彼此一向不了解，不认识。

生杀予夺：夺：剥夺。形容统治者掌握对人民的生命、财产任意处置的权力。

夺门而出：夺门：破门，奋力冲开门。猛然奋力冲开门出去。

出人意料：超出了人们预先的估计，在人们的意料之外。

料事如神：料：估计，猜想。形容预料事情非常准确。

神气十足：形容十分得意骄傲的样子。

足不出户：脚不跨出家门，形容不与外界接触。

户限为穿：户限：门槛。为：被。门槛都被踩破了。形容进出的人很多。

穿凿附会：把讲不通的或不相干的道理、事情硬扯在一起，进行牵强的解释。

会心一笑：会心：领会到别人内心的意思。领会到对方没有表明的意思而微微一笑。

成语接龙游戏

 故事链接

户限为穿

　　智永是陈末隋初时期的僧人。他对王羲之、王献之的书法极为钦佩，决心让他们的书法流芳百世。于是智永十分刻苦地练习书法。他在永欣寺时，就曾盖一座小楼专供练字，发誓"书不成，不下此楼"。为了练字，他在永欣寺的三十年里，每天黎明即起，磨上一大盘墨，然后临摹王羲之的字帖，从未间断。就在这座冷冷清清的小楼里，他如痴如醉地练字，毛笔用了一支又一支。他常把用坏了的毛笔扔进大瓮，天长日久，就积了好几瓮。智永后来把这些毛笔集中埋在一个地方，自撰铭词以葬之，时称"退笔冢"。

　　经过二三十年的努力，智永的书法果然大有进步。他的名气也越来越大，求他写字和题匾的人门庭若市，智永穷于应付。登门求教的也极多，以致寺内的门槛都被踩坏了，智永只好用铁皮把门槛裹起来加固，时人称之为"铁门槛"。

　　"退笔冢"与"铁门槛"便成为书坛佳话，与东汉张芝洗笔洗砚的"池水尽墨"交相辉映，同为千古美谈。

成语接龙

CHENGYU JIELONG

笑逐颜开　　　开门见山

山明水秀　　　秀外慧中

中庸之道　　　道路以目

目无全牛　　　牛鬼蛇神

神态自若　　　若无其事

事在人为　　　为富不仁

仁义道德　　　德才兼备

备尝辛苦　　　苦中作乐

笑逐颜开：笑得使面容舒展开来。形容满脸笑容，十分高兴的样子。

开门见山：打开门就能看见山。比喻说话或写文章直截了当谈主题，不拐弯抹角。

山明水秀：山光明媚，水色秀丽。形容风景优美。

秀外慧中：秀：秀丽。慧：聪明。外表秀丽，内心聪慧。

中庸之道：指不偏不倚，折中调和的处世态度。

道路以目：在路上遇到不敢交谈，只是以目示意。形容百姓在暴政之下敢怒不敢言的情形。

目无全牛：眼中没有完整的牛，只有牛的筋骨结构。形容技艺已经到达非常纯熟的地步。

牛鬼蛇神：牛头的鬼，蛇身的神。泛指各种奇形怪状的鬼神或虚幻怪诞的现象。后比喻社会上形形色色的坏人。

神态自若：神情脸色毫无异样。形容镇静，不慌张。

若无其事：好像没有那么回事似的。形容不动声色或漠不关心。

事在人为：指事情要靠人去做。在一定的客观条件下，事情能否成功要取决于人的主观努力。

为富不仁：为：做，引申为谋求。指只顾发财致富，不讲仁义。

仁义道德：本指儒家所倡导的行为准则。也泛指旧时提倡的道德规范。

德才兼备：德：品德。才：才能。备：具备。既有好的思想品质，又有工作的才干和能力。

备尝辛苦：备：尽，全。尝：经历。受尽了艰难困苦。

苦中作乐：在困苦中勉强自寻欢乐。

目无全牛

庖丁是战国时期一位有名的厨师，他肢解牛的技艺非常高超。

有一天，梁惠王亲自来观看庖丁拿刀分解牛的肢体。

只见庖丁用手触、用肩靠、用脚踩、用膝顶，从容镇静，不慌不忙，每招每式都非常优美；牛的肢体在遭到分解时，发出的声音配合着庖丁的动作，也显得非常和谐，动听悦耳，节奏感很强，就像音乐一样。

梁惠王看庖丁解牛，觉得这个过程简直就是一种艺术享受。

梁惠王看了一会儿，感到太不可思议了，不由自主地鼓掌赞叹起来："太妙了！请问你的技艺是怎么达到如此纯熟的地步的？"

庖丁放下刀，毕恭毕敬地回答说："这是因为我对解牛这项工作非常热爱，所以干起来就全神贯注。而且，我也是经过了多年的探索和实践才达到今天这种境界的。

记得我刚开始解牛时，眼睛里看到的是整头牛，完全不知道应该从哪里下手。这是因为我对牛的了解太少，没有找出更好的办法；而三年以后，我对牛更熟悉了，并且想出了很多办法，以便更好地解牛。这时，我眼里看到的就不再是一头整牛了，而是由牛的各个部件组合在一起的东西。

这样，我多次反复摸索，在解牛的时候，就知道哪儿是皮肉，哪儿是筋骨；下刀的时候，刀就能在筋骨之间的缝隙中游动，根本碰不到骨头。夸张点说，我现在就是闭上眼睛，也可以熟练地解牛，毫不费力。"

庖丁的话音刚落，立即赢得了在场所有人一片热烈的掌声和喝彩声。

等人群平静下来，庖丁清了清嗓子，又指着自己用的刀，慢条斯理地说："您看我这把刀，我已经用了十九年了，可这把刀还跟新的一样。而别的厨师，一个多月，最多一年就要换把刀。这是因为他们不懂得解牛的诀窍，刀老是碰到骨头而变钝了的缘故。"

梁惠王听得如醉如痴，不住地点头。

道路以目

周厉王时，民怨问题严重，历史上与之相关的最著名的故事，莫过于周厉王禁谤了。

周厉王施政暴虐，受宠臣荣夷公的唆使，改变周朝原有的制度，把平民赖以谋生的许多行业改归王室所有，一时间民生困苦，民怨沸腾。召穆公（召康公的后代穆公虎）就对周厉王说："老百姓已经受不了啦。"厉王不听劝谏却采用特务手段对付人民，他派人去卫国请了很多巫师，在首都镐京（陕西西安以西）的大街小巷川流不息地巡回，偷听人们的谈话，凡经他们指认为反叛或诽谤的人，立即下狱处决。这样一来，举国上下不再敢对国事评头论足了，就是相互见面，也不乱搭腔，而是以目示意了。周厉王高兴地对召穆公说："我能够统一思想，不再有人敢胡言乱语了。"借这机会，召穆公就发表了一通常被后世引用的高论："您这是强行封老百姓的嘴，哪里是老百姓真就没有自己的想法了啊。要知道，防民之口，甚于防川。川壅而溃，伤人必多，老百姓也是一样的道理啊！"当然，这番话周厉王听不进去，老百姓还是敢怒不敢言。

三年后（公元前842年），百姓们最终不堪忍受暴政，自发地组织起来攻入王宫，暴君周厉王逃到一个叫彘（今属山西）的地方躲了起来。这个事件史称"国人暴动"。

成语接龙

CHENGYU JIELONG

乐不思蜀	蜀犬吠日
日复一日	日薄西山
山高水低	低声下气
气息奄奄	奄奄一息
息息相关	关门大吉
吉星高照	照猫画虎
虎视眈眈	眈眈相向
向壁虚造	造谣生事

成语释义

乐不思蜀：快乐得不再思念蜀国。比喻在新环境中得到乐趣，不再想回到原来的环境中去。泛指乐而忘返。

蜀犬吠日：原意是四川多雨，那里的狗不常见到太阳，出太阳就要叫。比喻少见多怪。

日复一日：复：再，又。过了一天又一天。形容光阴白白地过去或持续的时间很久。

日薄西山：薄：迫近。太阳快落山了。比喻人已经衰老或事物衰败腐朽，临近死亡。

山高水低：指意外的不幸。

低声下气：形容说话时态度卑微恭顺的样子。

气息奄奄：呼吸微弱，快要断气。形容人生命垂危。也形容事物衰败没落，即将灭亡。

奄奄一息：奄奄：气息微弱的样子。只剩下微弱的一口气。形容生命垂危，临近死亡。

息息相关：息：呼吸时进出的气息。一呼一吸相互关联。形容彼此的关系非常密切。

关门大吉：指商店倒闭或企业破产停业。

吉星高照：吉星：指福、禄、寿三星。吉祥之星高高照临。比喻交好运，好事临门。

照猫画虎：比喻照着样子模仿。

虎视眈眈：眈眈：注视的样子。像老虎那样凶狠地盯着。形容凶狠而贪婪地注视着，伺机攫取。

眈眈相向：彼此瞪着眼注视的样子。

向壁虚造：向壁：对着墙壁。虚造：虚构。即对着墙壁，凭空捏造。比喻无事实根据，凭空捏造。

造谣生事：制造谣言，挑起事端。

 故事链接

乐不思蜀

三国时期,蜀国在丞相诸葛亮死后,国力一落千丈,大不如前。

司马昭见蜀国日益衰弱,立即命钟会、邓艾为大将,兵分两路进攻蜀国。魏军长驱直入,逼近成都,刘禅被迫开城投降。

刘禅投降后,被押送到魏国都城许昌,司马昭建议魏主曹奂封他为安乐公,并将他迁到洛阳居住。

刘禅的随行大臣郤正为他献计说:"如果司马昭问起您想不想回蜀国,您就说'父母的坟墓都在那里,哪有不想回去的道理',然后您就痛哭流涕。司马昭也许心一软,就放您回去了。"

几天后,司马昭举行宴会招待刘禅。酒席间,司马昭问刘禅,是否想回蜀国。刘禅把郤正教的一席话一字不漏地背了出来,然后装出很悲哀的样子,用衣袖掩住眼睛,假装擦眼泪。

司马昭听了刘禅的回答,不动声色地说:"我听这话好像是郤正的口气。"刘禅吃惊地放下袖子说:"是郤正说的,您怎么会知道?"司马昭很欣赏刘禅的诚实,没有往下追究,放松了对刘禅的戒备,并关照手下人好好照料他,安排好他的饮食起居。刘禅生活优越,心情非常愉快。

过了些天,司马昭再度举行宴会,请刘禅及蜀国归降的官员一同赴宴。宴会上,司马昭特地命人演奏蜀国音乐。蜀国官员听到故乡的音乐,都黯然神伤,默默不言,唯独刘禅谈笑风生。

司马昭又问刘禅还想不想回蜀国,刘禅很满足地说:"在这里很舒服,蜀国有什么好想的!"司马昭听了之后,完全放下心来,悄悄地对他的亲信贾充说:"人之无情,竟然到了这个地步,即使诸葛亮还活着,也不能辅佐好他,何况姜维呢!"

刘禅就这样在洛阳安乐地度过了余生,留下了令人捧腹的"乐不思蜀"的典故。

成语接龙

事不宜迟	迟疑不决
决一雌雄	雄才大略
略见一斑	斑驳陆离
离心离德	德薄才疏
疏不间亲	亲痛仇快
快犊破车	车马盈门
门庭若市	市井小人
人心不古	古为今用

事不宜迟：事情要抓紧时机快做，不宜拖延。

迟疑不决：形容拿不定主意。犹豫疑惑，不能决定。

决一雌雄：雌雄：比喻高低、胜负。指较量一下胜败高低。

雄才大略：非常杰出的才智和远大的谋略。

略见一斑：略：大致。斑：斑点或斑纹。比喻从所看到的事物的一部分，可以大致推想事物的全部或整体。

斑驳陆离：斑驳：多种颜色夹杂在一起。陆离：色彩繁杂的样子。形容色彩纷繁杂乱。

离心离德：心：思想。德：信念。思想不统一，信念也不一致。指不团结，不一条心。

德薄才疏：薄：浅薄。疏：空虚。品行和才能都很差。常作自谦之辞。

疏不间亲：间：参与。关系疏远者不参与关系亲近者的事。

亲痛仇快：做事使自己人痛心，使敌人高兴。指某种举动只利于敌人，不利于自己。

快犊破车：跑得快的牛犊会把车拉翻。比喻年轻气盛的人做事不沉稳，容易出差错。

车马盈门：车子充满门庭，形容宾客很多。

门庭若市：门口和庭院里热闹得像集市一样。形容交际来往的人很多，热闹非凡。

市井小人：指城市中庸俗鄙陋之人。

人心不古：古：古朴，旧时认为古人的风尚淳朴。今指人心奸诈、刻薄，没有古人淳厚。

古为今用：批判、继承古代文化遗产，使之为今天服务。

成语接龙游戏

 故事链接

门庭若市

战国时，齐国的相国邹忌身材高大，容貌端庄。他为劝说齐威王广开言路，鼓励群臣进谏，就给齐威王讲了这样一个故事：

一天早晨，他穿好朝服，戴好帽子，对着镜子端详了一番后问他的妻子："我和城北徐公比较起来，谁长得英俊？""你英俊极了，徐公怎么比得上你呢？"妻子说。

徐公是齐国出了名的美男子，邹忌听了妻子的话，并不太敢相信自己真的比徐公英俊，于是他又去问他的爱妾，爱妾回答说："徐公怎能比得上你呢？"

第二天，邹忌家中来了一位客人，邹忌又问了客人，客人说："徐公哪有你这样俊美呢？"

过了几天，正巧徐公到邹忌家来拜访，邹忌便乘机仔细地打量徐公，拿他和自己比较。结果，他发现自己实在没有徐公漂亮。

于是，他对齐威王说："我本来不如徐公漂亮，但妻、妾、客人都说我比他漂亮。这是因为妻偏护我，妾畏惧我，客人有事求我，所以他们都恭维我，不说真话。而我们齐国地方这么大，宫中上下，谁不偏护您；满朝文武，谁不畏惧您；全国百姓谁不希望得到您的关怀。看来恭维您的人一定更多，您一定被蒙蔽得非常严重了！"

邹忌又劝谏说："现在齐国地方千里，城池众多，大王接触的人也比我多得多，所受的蒙蔽也一定更多。大王如能开诚布公地征求意见，一定对国家有益。"

齐威王听了，觉得很有道理，立刻下令说："无论是谁，能当面指出我过失的，给上赏；上奏章规劝我的，给中赏；在朝廷或街市中议论我的过失，并传到我耳中的，给下赏！"

命令一下，群臣前去进谏的，一时川流不息，朝廷门口每天像集市一样热闹。

成语接龙

CHENGYU JIELONG

用**武**之**地**	**地**广人**稀**
稀世之**宝**	**宝**山空**回**
回肠荡**气**	**气**象万**千**
千里之行,始于足**下**	
下车伊**始**	**始**终如一
一步登**天**	**天**各一**方**
方寸大**乱**	**乱**世英**雄**
雄心勃**勃**	**勃**然大怒

用武之地：形容地形险要，利于作战的地方。比喻可以施展自己才能的地方或机会。

地广人稀：地方大，人烟少。

稀世之宝：稀世：世所稀有。世上稀有的珍宝。

宝山空回：走进到处是宝物的山里，却空手出来。比喻置身于某种优越的环境，本来应该有丰富的收获，却一无所得。

回肠荡气：回：回转。荡：动摇。使肝肠回旋，使心气激荡。形容文章、乐曲等婉转缠绵，感人至深。

气象万千：气象：情景。形容景象或事物壮丽而多变。

千里之行，始于足下：走一千里路，是从迈第一步开始的。比喻要实现伟大的目标，须从小处逐步做起。

下车伊始：伊：文言助词。始：开始。旧指新官刚到任。现多指带着工作任务刚到一个地方。

始终如一：始：开始。终：结束。自始至终一个样子。指能坚持，不间断。

一步登天：一步跨上青天。比喻一下子就达到很高的境界或程度。有时也用来比喻人突然得志，一下子爬上高位。

天各一方：指各在天底下的一个地方。形容相隔极远，见面很困难。

方寸大乱：方寸：指心、思绪。形容心情不好，思绪很乱。

乱世英雄：乱世：动乱的不安定的时代。英雄：才能勇武超过常人的人。混乱动荡时代中的杰出人物。

雄心勃勃：勃勃：旺盛的样子。形容雄心很大，很有理想。

勃然大怒：勃然：因发怒而脸变色的样子。形容人大怒的样子。

 故事链接

用武之地

东汉末年,曹操在打败袁绍之后,率领大军南征荆州。这时候,荆州牧刘表刚刚去世,他的两个儿子起内讧,争夺荆州的统治权。最后,小儿子刘琮继承了他的职位。刘琮年幼无知,被曹操吓破了胆,准备开城投降。

这时,刘备驻守在襄阳附近的樊城,在和曹操的先头部队的交锋中吃了亏,打了败仗,只好率领部下向南撤退,准备退入城中和刘琮一起抗敌。但是刘备在刘表的两个儿子的争斗中,是支持大儿子刘琦的。因此,撤军时,刘琮命令紧闭城门,不放刘备进来。诸葛亮这时劝说刘备趁机攻占襄阳,然后利用威望联合军民抗击曹操。刘备并没有听从诸葛亮的意见,而是命令继续南下,朝江陵方向撤退,投靠驻守在江陵的刘琦。

曹军势如破竹,一路杀到了襄阳。刘琮果然开城投降。曹操了解到刘备已率众南下,便派五千骑兵追击。不出几日,就在当阳的长坂坡追上了刘备的队伍。刘备、诸葛亮等少数人突围而出,退到了樊口。

这时候,曹操的大军已经从江陵顺江东下。诸葛亮对刘备说:"现在情势危急,还是让我去向孙将军求援吧。"孙将军就是东吴的孙权。刘备同意诸葛亮的意见,让他去见孙权。

此时,孙权正率军驻扎在柴桑坐山观虎斗。诸葛亮见到他后劝说道:"当今天下大乱,将军占据了江东,刘将军也在汉水之南招募队伍,和曹操争夺天下。现在,曹操平定北方后,又攻下荆州,威镇四海。而刘将军这样的英雄却无所用武,所以退到这里。"

接着,诸葛亮故意激孙权道:"希望孙将军掂量一下自己的实力:如果能以江东和曹操对抗,那就应该趁早跟曹操断绝关系;如果不能,那为什么不向曹操投降呢?现在孙将军表面上服从曹操,内心却犹豫不决。一个人在紧急关头不能当机立断,大祸临头的日子恐怕也就不远啦!"

孙权听了很恼火,反问道:"既然如此,刘将军为什么不投降曹操呢?"

诸葛亮回答道:"刘备是王室的后代,他的英雄才气盖世无双,天下人都敬慕他,他怎肯投降呢?"孙权后来果然被诸葛亮说服,于是他和刘备结盟共同抗击曹操。最后,孙刘联军在赤壁之战中打败曹操,形成了天下三足鼎立的局势。

成语接龙

怒目而视　　视而不见

见多识广　　广开言路

路遥知马力，日久见人心

心如铁石　　石破天惊

惊慌失措　　措手不及

及时行乐　　乐不可支

支离破碎　　碎琼乱玉

玉貌花容　　容光焕发

怒目而视：睁圆了眼睛怒视着。形容正要大发脾气的神情。

视而不见：指不注意，不重视，睁着眼却没看见。也指不理睬，看见了当作没看见。

见多识广：识：知识。见过的事情多，知识面广。形容阅历深，经验多。

广开言路：广：扩大。言路：进言的道路。指尽量创造条件，让人发表意见。

路遥知马力，日久见人心：路途遥远才能知道马耐力的大小，日子长了才能看出人心的好坏。指时间可以检验一切。

心如铁石：心像铁石一样坚硬。比喻心肠硬或意志十分坚决。

石破天惊：原形容演奏箜篌的声音高亢激荡，惊天动地。后多比喻文章、议论新奇惊人或事情出人意料。

惊慌失措：失措：失去常态。由于惊慌，一下子不知怎么办才好。

措手不及：措手：着手处理。不及：来不及动手应付。指事出意外，一时无法对付。

及时行乐：抓紧时机，寻欢作乐。

乐不可支：支：支撑。快乐到不能支撑的地步。形容欣喜到极点。

支离破碎：支离：零散，残缺。形容事物零散破碎，不完整。

碎琼乱玉：比喻雪花。

玉貌花容：形容长得漂亮，如花似玉。

容光焕发：容光：脸上的光彩。焕发：光彩四射的样子。形容身体好，精神饱满。

成语接龙游戏

 故事链接

广开言路

唐高祖李渊死后，雄才大略的李世民当了皇帝，史称唐太宗。他即位之初即专设谏官，要求随时跟在自己左右。并要求三品以上官员入朝议事，每次必须有至少一位谏官参加，做到有失必谏。大理寺少卿孙伏伽多次在小事上劝谏，李世民不但不怒，反而予以嘉奖，升他为谏议大夫。如此一来，大臣们都知无不言，毫无忌讳。于是言路广开，"直谏""忠谏"成为风尚。

尤其是谏议大夫魏徵，更是以敢于"犯颜直谏"著称。

有一次，李世民问魏徵："当皇帝的怎样才会明智清醒，怎样就会愚昧糊涂？"

魏徵回答说："兼听则明，偏信则暗。也就是说，听取多方面的意见才会明智清醒，偏信一方面的话就会愚昧糊涂。"

李世民请魏徵说下去。魏徵于是举例论述说："从前尧帝详细询问老百姓，所以知道民生疾苦。舜帝听取多方面的意见，所以治水无能的官员不能蒙蔽他。相反，秦二世偏信宦官赵高一人的话，结果在望夷宫被他杀害。梁武帝偏信朱异的话，没有及早攻打侯景，结果被侯景攻陷台城，忧愤而死。又如隋炀帝偏信虞世基，天下本已动荡不安，虞世基却不让炀帝知道情况，炀帝也照样寻欢作乐，结果被身边的人杀死。所以，做皇帝的能够广泛听取和接受多方面的意见，就不会被一两个大臣蒙在鼓里，就会知道下面的情况，从而明辨是非，做出正确的决策。"

李世民听后说："是啊！"从此更加注意广开言路，倾听多方面的意见。

成语接龙

发愤忘食　　食言而肥

肥头大耳　　耳提面命

命若悬丝　　丝丝入扣

扣人心弦　　弦外之意

意味深长　　长驱直入

入土为安　　安土重迁

迁客骚人　　人去楼空

空谷足音　　音容宛在

成语接龙游戏

成语释义

发愤忘食：努力学习或工作，连吃饭都忘了。

食言而肥：食言：失信。指为了自己占便宜而说话不算数，不守信用。

肥头大耳：一个肥胖的脑袋，两只大耳朵。过去形容人有福相，现在形容体态肥胖。

耳提面命：不仅是当面告诉他，而且是提着他的耳朵向他讲。形容严格要求，恳切教导。

命若悬丝：比喻生命垂危。

丝丝入扣：织布时每条丝线都要从筘齿间穿过。比喻做得十分细致，有条不紊，一一合拍。多指文章写作或文艺表演。

扣人心弦：形容言论或表演深深地打动人心。又作"动人心弦"。用来形容事物能深深地牵动人心。

弦外之意：比喻话语或文章中蕴涵的言外之意。

意味深长：意味：情调，趣味。意思含蓄深远，耐人寻味。

长驱直入：指长距离不停顿地快速行进。形容进军迅猛，不可阻挡。

入土为安：旧时土葬，人死后埋入土中，死者方得安顿。

安土重迁：土：乡土。重：看得重，不轻易做。安于本乡本土，不愿轻易迁移。

迁客骚人：贬黜流放的官吏，多愁善感的诗人。泛指忧愁失意的官吏、文人。

人去楼空：人已离去，楼中空空。比喻故地重游时睹物思人的感慨。

空谷足音：在寂静的山谷里听到脚步声。比喻极难得的音信、言论或事物。

音容宛在：形容人死后声音、容貌似乎仍然留在人们的记忆中。

 故事链接

长驱直入

　　赤壁大战之后，刘备在诸葛亮的辅佐下，不久便夺取了益州和汉中。这时，关羽从荆州起兵进取中原。曹操得到消息，马上任命于禁为大将，西凉降将庞德为前部先锋，率军正面迎战关羽。关羽率荆州军英勇杀敌，一路攻无不克，战无不胜。先后攻占襄阳、樊城，占据了汉水的上游要地。于禁奉曹操之命率军与关羽交战，他在汉水下游扎下营寨。关羽看到于禁如此布置，心中暗暗高兴，命人掘开汉水之堤。霎时间，于禁所率七军将士全部被大水吞没。于禁见无路可逃，而且大势已去，回去曹操对他也是定斩不饶，只好向关羽投降。部将庞德，虽然被俘，但拒不投降，最后被杀。这一仗下来，曹军损失惨重，而关羽所率之军士气旺盛，难以抵抗。曹操为避其锋芒，与手下人商量，准备迁都他地。

　　曹操一提出这个想法，主簿司马懿马上劝阻说："主公，臣以为这个时候迁都，会引起天下震动，而民心一散，将来就很难挽回败局。以臣之见，不如另派大将迎敌！"此时，大将徐晃挺身而出，自告奋勇，愿统率大军抵挡关羽。

　　东吴大将吕蒙探听到关羽大军远征，知道荆州肯定兵力薄弱，守备力量不强，命吴军装扮成商人，悄悄混入荆州作为内应，结果一举偷袭成功，荆州留守将领糜芳兵败投降东吴，荆州失守了。关羽一面分兵收复荆州，一面急急忙忙与徐晃交战。徐晃当时所率的士兵多为没有经过正规训练、没有战斗经验的新兵，所以他不敢轻易率军与关羽正面作战，而将部队驻扎在阳陵固守。曹操看到这些新兵无论如何也难与关羽的大军对抗，便将殷署、朱盖所率的二十营士兵划归徐晃指挥，徐晃兵力得到补充，一时士气大振，他决心与关羽一决雌雄。

　　关羽将兵分屯两处，一处在围头，一处在四冢。徐晃见关羽兵屯两处，便放出口风说要攻取围头，其实他将矛头对准了四冢。发起攻击后，关羽看到四冢吃紧，怕它失守，亲率五千兵马增援，他哪里料到，徐晃是发全部兵马来攻打。由于众寡悬殊，关羽被杀得大败。徐晃率领大军乘胜追击，直扑关羽大营，左冲右突，连破数十障碍，最后大获全胜。

　　曹操得到消息，心中大喜，立即写下《劳徐晃令》，其中写道："我用兵三十年，所知古时善用兵者不少，但没有像你这样直入重围取胜的战例（未有长驱径入敌围者也），你的功劳比孙武的还大。"